Alibaba Group

阿里巴巴经营法

马云的企业经营哲学

陈伟 ◎ 编著

古吴轩出版社
中国·苏州

图书在版编目（CIP）数据

阿里巴巴经营法：马云的企业经营哲学 / 陈伟编著. -- 苏州：古吴轩出版社，2019.10
　ISBN 978-7-5546-1422-8

　Ⅰ. ①阿… Ⅱ. ①陈… Ⅲ. ①电子商务－商业企业管理－经验－中国 Ⅳ. ①F724.6

中国版本图书馆CIP数据核字（2019）第214166号

责任编辑： 蒋丽华
见习编辑： 闫毓燕
策　　划： 花　火　曾柯杰
封面设计： 尧丽设计

书　　名：阿里巴巴经营法：马云的企业经营哲学
编 著 者：陈　伟
出版发行：古吴轩出版社
　　　　　地址：苏州市十梓街458号　　邮编：215006
　　　　　Http：//www.guwuxuancbs.com　E-mail：gwxcbs@126.com
　　　　　电话：0512-65233679　　传真：0512-65220750
出 版 人：钱经纬
印　　刷：天宇万达印刷有限公司
开　　本：670×950　　1/16
印　　张：16
版　　次：2019年10月第1版　第1次印刷
书　　号：ISBN 978-7-5546-1422-8
定　　价：49.80元

如有印装质量问题，请与印刷厂联系：0318-5302229

前言 PREFACE

坚信自己所在做的

1999年9月9日，阿里巴巴网络技术有限公司在杭州湖畔花园的公寓里成立了。这家只有18个人的小公司一度被居民误以为是黑网站。当时没有人会想到，阿里巴巴会在十几年后成长为一家拥有完整的商业生态圈的大集团。

市面上流传着很多关于阿里巴巴的创业故事，以及公司主要创始人马云等人在公司内部发表的讲话。马云和他的小伙伴们在1999年时被当成骗子，在2000年以后被当成狂人。阿里巴巴高层经常发表一些人们不相信的狂话，但后来大多都变成了现实。

时至今日，阿里巴巴集团旗下的淘宝网、天猫、聚划算、全球速卖通、阿里巴巴国际交易市场、1688、阿里妈妈、阿里云、蚂蚁金服、菜鸟网络等，已经与我们的日常生活密不可分。

与此同时，成千上万的中小企业和个体创业者，在阿里系平台上开网店，在互联网经济大潮中寻找发家致富的机会。而马云作为众多成功励志读物的主人公，一直在鼓励人们大胆地追求梦想，勇敢地去创业。

马云说:"我永远坚信这句话,你说的都是对的,别人都认同你了,那还轮得到你吗?你一定要坚信自己。"

他有超前的眼光和异于常人的思维,说话做事充满理想主义色彩,做出了很多有争议的决定。其中有些决定被证明具有远见卓识,有些则是阿里员工提起来都感到不好意思的重大错误。这一切都使得阿里巴巴形成了许多与众不同的特色。

现在的阿里巴巴不仅是中国互联网三巨头之一,还是全球公认的中国电子商务领军企业。阿里巴巴一方面坚持着为广大中小企业和创业者服务的初心,另一方面不断投入力量,推动社会进步,研究未来社会中的智能商业的发展趋势。

马云在2017年世界物联网无锡峰会上说:"未来,我们对未来的未知远远大于已知,所以我刚才在说,我们阿里巴巴不是今天做成的,是18年以前相信有一天才会做成,我们今天相信未来世界会这样,并为之努力,今天有能力定义清楚的东西都不是未来,这是我们的观点和看法。"

我们能从阿里巴巴的发展史中看到中国互联网的壮大过程和一代中国企业家的成长经历。阿里巴巴高层的内部讲话为人们揭示了这家企业的独到之处。无论是志在创业的年轻人,还是想改善公司经营水平的管理者,都能从中汲取对自己有益的养分。

时代在进步,社会也随之不断地发展。有的人在抱怨自己没活在好时候。阿里人却从抱怨中寻找机遇。做事业应该怀有务实的理想主义和谨慎的乐观主义。人一定要坚信自己,只有这样,才能在失败中锤炼出实力,在坚持中提升自我,一步一个脚印地走向未来的成功。

目录 CONTENTS

春生卷　相信明天，带着梦想和目标坚持创业

第一章　梦想不是幻想，机会就在被抱怨的地方　003
- 给梦想一个实践的机会　004
- 给自己一个机会说"试试"　007
- 多了解一下别人是怎么失败的　010
- 保持乐观、积极、坚持的创业精神　013
- 扛下困难，才能见到后天的太阳　016

第二章　明确奋斗目标，让天下没有难做的生意　019
- 阿里巴巴的三大愿景目标　020
- 企业使命：帮助客户把生意做得简单　024
- 用互联网的能量服务中小企业　027
- 认清服务对象，建立强大的竞争体系　030

第三章　做企业一定要专注，找到你的独特优势　　033

- 你要做什么？怎么做？做多久？　　034
- 砍掉每年的第四个战略目标　　037
- 以正确的方式做正确的事　　040
- 找出你能做到而别人做不到的　　043
- 实力是用失败堆积出来的　　046

夏长卷　永不放弃，平凡的人可以做不平凡的企业

第四章　统一企业价值观，全面植入阿里巴巴的DNA　　051

- 阿里巴巴的企业宗旨　　052
- 第一阶段："独孤九剑文化"　　056
- 第二阶段："六脉神剑文化"　　061
- 第三阶段："阿里橙文化"　　066
- 诚信能创造财富，最终会决定胜负　　070

第五章　把握市场格局，力求占领最好的位置　　073

- 为什么专注电子商务？　　074
- 看清自己的定位，开启网商时代　　077
- 以我为主，选择与美国相反的模式　　080
- 宁可战死也不能被对手吓死　　083
- 商场并非战场，由竞争走向合作　　086

第六章　服务是每个人的工作，把客户放在第一位　089

- 把麻烦留给自己，而不是客户　090
- 我们只会因为客户的改变而改变　093
- 客户也有错的时候，不可一味盲从　096
- 为客户提供实实在在的服务　100
- 成立阿里学院，与客户共同成长　104

第七章　员工是最好的财富，找到每个人的潜力　107

- 公司的第一大产品就是员工　108
- 找到最合适的，再把他变成最优秀的　111
- 让所有人才在阿里巴巴增值　114
- 以"271"制度激发员工潜力　118

第八章　领导力建设，眼光、胸怀、实力缺一不可　121

- 不同发展阶段需要不同的领导者　122
- 尊重内行，用欣赏的眼光看人　126
- 让团队感受到来自你的强大支持　129
- 没人能接替你，你永远不会升职　132
- 在逆境中展现真正的领导力　135

第九章　大成功靠团队，不要让任何一个队员掉队　　137
- 成功必定是团队带来的　　138
- 好团队应该像动物园，而不是养殖场　　142
- 淘汰"野狗"和"小白兔"，只留"猎犬"　　145
- 开枝散叶的"中供系铁军"　　147
- 中国特色HR：阿里巴巴"政委"体系　　150

秋收卷　拥抱变化，在形势最好的时候提出问题

第十章　我们以前没有错，但今天不改变就错了　　157
- 不变革自己，阿里巴巴将会消亡　　158
- 企业家不能说我不犯错误　　161
- 不只是适应变化，要拥抱变化　　164
- 我们要感谢这个变化的时代　　167

第十一章　未雨绸缪，在阳光灿烂的日子修屋顶　　169
- 要学会判断未来的灾难　　170
- 昨天的长处可能是今天的短处　　173
- 失去中小企业的人气，就是死路一条　　176
- 找出互联网缺失的部分，才能活得更好　　178

第十二章 钱只是结果，公司做满102年之前不能倒下	181
钱不是公司追求的目标，只是个结果	182
没有细节赢不了，但别输在格局上	184
大企业要有小作为，小企业要有大梦想	187
领导者要多花一点时间在改善管理上	190

冬藏卷　未来已来，以使命感还世界一个承诺

第十三章 接受新经济下的"新常态"，把创新当成事业	195
商业变革时代，创新的主角是企业家	196
企业家要立足今天，也应思考未来	199
眼光体现在学习和反省能力上	202
在别人低落时要看到美好的东西	204

第十四章 推动社会进步，成为有担当的伟大企业	207
成功企业的四大特征	208
阿里的乐趣是推动社会进步	211
伟大的企业会诞生在困难时刻	214
把"农民工"变成"农民商"	217
服务"她时代"的创业主力军	222

第十五章　着眼未来三十年，打造世界电子贸易新平台	225
阿里人眼中的未来三十年	226
预测未来的最佳办法是创造未来	229
相信年轻人就是相信未来	232
做全球化的阿里商业生态系统	235

附录	238
后记	244

春生卷

相信明天，带着梦想和
目标坚持创业

创业之初，前途未卜。梦想能否变成现实，要看创业者能否找对努力的方向，顶住残酷的市场压力。初生的阿里巴巴脚踏实地，在磨难中把握住了自己的机会。艰苦创业过程中的宝贵财富，理应分享给每一位相信明天的朋友。

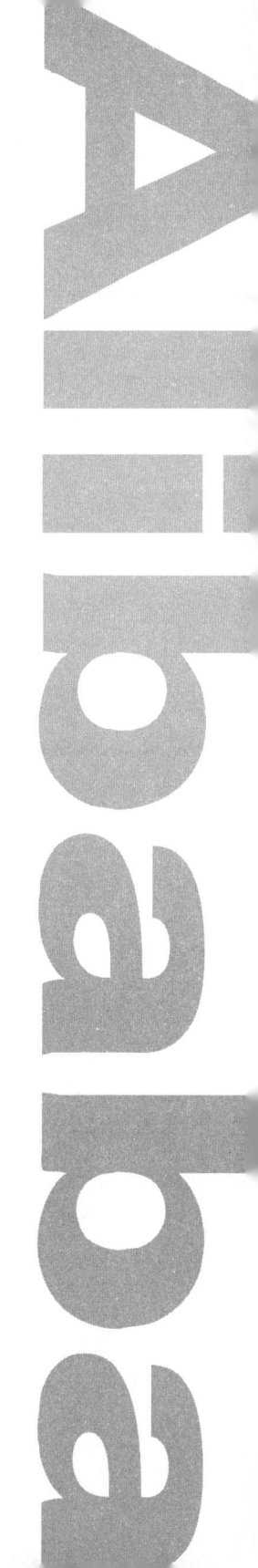

第一章

梦想不是幻想，机会就在被抱怨的地方

　　每个人都有自己的梦想，但能实现梦想的人寥寥无几。有的历尽艰辛却一无所获，有的倒在半路，还有的因为害怕而不敢行动。

　　这个飞快发展的世界每天都会出现新的东西，每天都有新的励志故事被社交媒体广泛传播。而有些想创业的年轻人却抱怨没有机会，觉得好机会早就被别人抢光了。如果当年马云和他的17个小伙伴也这样想，今天就不会有阿里巴巴了。

　　没有行动的梦想只是幻想，机会就在被抱怨的地方。阿里巴巴的创始人初创业时面临的困难，比现在要面对的多了不知多少倍。但他们从中小企业的抱怨中发现了新的商机，开始了艰苦的创业。

给梦想一个实践的机会

● 阿里故事

　　1995年，马云在美国第一次看到互联网。马云搜索了第一个词啤酒，有各国啤酒，但没有中国啤酒，他又打了第二个词"中国"，什么都没有搜到。于是他决心在国内创办一家公司，用互联网技术改变落后的商业面貌，推动社会的进步。当时中国的互联网基础薄弱，但马云立志要建成全世界十大网站之一，让全世界的商人都能用自己公司的网上交易平台。

　　考虑到未来的发展前景，马云和其他创业伙伴打算想一个国际化的公司名字。大家想了一百多个域名，依然感到不满意。直到马云有一次去美国出差，在餐馆吃饭时突然想起了世界文学名著《一千零一夜》中的《阿里巴巴与四十大盗》的故事。

　　正直善良的穷苦青年阿里巴巴用"芝麻开门"的咒语打开了一座宝藏，从此发家致富。在马云看来，互联网就是一个取之不尽，用之不竭的宝藏，自己的公司以促进全世界的商人做贸易为宗旨，叫"阿里巴巴"这个名字很容易获得知名度。

　　马云在餐厅里挨个询问了来自不同国家和地区的顾客，几乎所有人都知道阿里巴巴的故事，而且"阿里巴巴"的读音在不同的语言中大致相同。阿里巴巴这个公司名字就这样定了下来。

不巧的是，有个加拿大人已经先注册了这个域名。马云软磨硬泡了几个月，最后不惜在尚未达成协议时就给对方账户打了1万美元以表示诚意（当时整个创业团队七拼八凑也只有50万人民币的启动资金），最后终于拿到了这个域名。他还顺势注册了阿里妈妈、阿里宝贝的域名，确保阿里巴巴这个品牌的完整性。

■ 延伸解读

多年后，马云回忆道："我取名字叫阿里巴巴不是为了中国，而是为了全球。我做淘宝，有一天也要打向全球。我们从一开始就不仅仅是为了赚钱，而是为了创建一家全球化的、可以做102年的优秀公司。"

"阿里巴巴"这个品牌名称本身自带流量，使熟悉"芝麻开门"这个典故的中国人民感到亲切，也有利于在全世界传播。平心而论，如果公司用的是其他名字，就很难起到同等的品牌效应。

1999年是阿里巴巴元年，这家公司在马云夫妇的公寓成立，最初只有18人。马云戏称大家是"十八罗汉"。他们来自不同的单位，东挪西借凑出了启动资金，条件非常困难。他们有共同的梦想，但几乎只有马云一个人对未来信心十足，其他人都还很迷茫。

假如没有这次勇敢的创业，马云可能只是个无名小卒，也许会回学校继续做英语老师。他给自己的梦想不止一次实践的机会，才有了后来轰轰烈烈的阿里巴巴发展史。

▶ 阿里方法论

给创业者的五点建议

1. 反思自己当初创业的原因

即使公司做大了，也要不断反思当初自己为什么要创业。这将让我们更加清楚应该做什么事，不应该做什么事。当人们忘记创业的初衷时，容易变得急功近利，难以坚持既定方针，迷失在市场变化中。

2. 勤俭节约，珍惜每一分钱

创业者刚开始的时候缺钱，不得不珍惜每一分钱。可当他们财源广进之时，往往会养成铺张浪费的恶习。钱是企业家的资本，是重要的资源。众多知名企业因资金链断裂而轰然倒下。树立正确的金钱观，加强资金管理，对做事业非常重要。

3. 保持激情和动力

我们之所以要创业，是因为强烈地想做这件事情。保持激情和动力，创业者才能克服种种困难，坚持到胜利的那一天。创业者不懂技术不要紧，可以通过寻找懂技术的人才，尊重这些内行人士，发挥他们的作用。假如你丧失了激情，不再有奋斗的动力，那么再多的有利条件也会变得毫无用武之地。

4. 明确企业使命

认清自己的企业使命，带着使命感去打拼事业。没有使命感的公司，不仅凝聚力不强，而且团队的抗压能力也不行，很容易被困难拆散。无论你做出什么决策，都不应该偏离使命，这样才能明确自己的努力方向，在迷茫的时候知道下一步该何去何从。

5. 树立共同的目标

作为企业的领导者，你要为全体团队成员树立共同的目标。团队是由形形色色的人组成的，每个员工都有自己的目标和利益诉求，说不定跟你的目标相冲突。为了避免彼此的力量相互抵消，必须以一个共同的目标来统筹组织的发展，让大家朝相同的方向发力。

给自己一个机会说"试试"

● 阿里故事

阿里合伙人、现任阿里巴巴资深副总裁的彭蕾是阿里巴巴"十八罗汉"之一,曾经担任阿里巴巴集团市场部和服务部副总裁、首席人力资源官、蚂蚁金融服务集团董事长,被视为马云的得力干将。

彭蕾原本是浙江财经学院(2013年升格为浙江财经大学)的教师。由于丈夫孙彤宇想与马云进京创业,彭蕾便辞去教师工作一起北上。马云在北京创业失败,回到杭州创建阿里巴巴。彭蕾继续追随,成为工号007的阿里创业元老。

很多人都说是马云的梦想征服了其他创始人。但彭蕾后来回忆说:"几乎都是他(马云)在讲,说我们要做一个中国人创办的世界上最伟大的互联网公司,张牙舞爪的,我们就坐在一边,偷偷翻白眼。"

那时阿里巴巴刚成立,马云被投资人拒绝了38次。彭蕾对马云的大话感到"既茫然,也没太大兴趣",但她还是给自己一个机会说"试试"。这一试就是十几年。如今的媒体把彭蕾与雅虎的CEO(首席执行官)玛丽莎·梅耶尔、脸书的COO(首席运营官)雪莉·桑德伯格并称为"全世界互联网公司中最重要的三位女性高管"。

■ 延伸解读

阿里巴巴集团学术委员会主席、湖畔大学教育长曾鸣于 2006 年加入公司，被马云称为"我们的总参谋长"。阿里人都称他为"曾教授"。曾鸣为阿里巴巴制定了发展战略路线图，并总结了很多创业经验。他认为，包括马云在内的阿里创始人最难的坎是在自信和自我怀疑中不断挣扎。

曾鸣指出："创始人经常处于这样的状态之间，有时候觉得自己是对的，有时候觉得自己想的全错了。万一把公司带到坑里怎么办？什么时候该民主？什么时候该独断？坚持还是放弃？中间肯定有运气的成分，但是这本身就是自我修炼的过程。最难过的坎就是这个坎：极端的孤独、极度的自我怀疑，但是只能相信自己。"

创业者个人可能有丰富的行业经验，也可能缺乏相关知识。团队成员的能力类型可能优势互补，也可能大同小异。在创业过程中，什么时候该坚持自己的优势，什么时候该聆听别人的意见，是一门很难拿捏的艺术。

人们在事业没有做成之前很容易产生畏难情绪，进展不顺就自我怀疑，一帆风顺又会得意忘形。缺乏自我怀疑的人不懂反思，缺乏自信的人不敢尝试。每一位创业者都要保持适度自我怀疑的自信。

▶ 阿里方法论

不要抱怨，脚踏实地

现代企业的主力军是年轻人，创业者中大多也是年轻人，对社会抱怨最多的还是年轻人。马云直率地指出："年轻人容易从不自信变成自信，然后到自负，到傲慢。我们有这样的趋势，而且这个趋势还存在着，但我们在不断完善。"

不少年轻人都有浮躁、傲慢的心态。这对创业来说并不是一件好事。马云一直强调人应该给自己一个机会说"试试"，为自己的梦想努力奋斗。

但同时他也提醒广大创业者，不管从事什么行业，不管企业现在是大是小，都要明确自己的方向，保持脚踏实地的精神。

永远要知道自己是谁，凭什么做到现在的位置，想要实现什么抱负，需要放弃什么东西。只有弄清楚这些问题，创业者才能学会"回归自我"，不被残酷的现实打垮，不忘记自己的初心。

在很多人抱怨世界不完美，抱怨社会有很多不足的时候，马云却积极从抱怨中寻找机会。他呼吁每个人停止抱怨，摒弃浮躁和傲慢，回归自我，用积极正面的力量去完善社会，而不是去破坏社会。阿里巴巴能从无数创业公司中脱颖而出，能从互联网泡沫中逆袭，与这种创业者精神是分不开的。

多了解一下别人是怎么失败的

● 阿里故事

很难想象，马云曾经应聘过30多份工作，全都没被录用。其中一份工作是在快餐企业打工，25个人去应聘，24个人被录取，马云是唯一被淘汰的人。

当马云说自己要做互联网时，23个人反对，只有1个人说"你去试试看"。原因很简单，马云的学历不算出众，不懂电脑技术和网络技术，没学过管理，学习成绩也谈不上出类拔萃，只是一名与互联网行业毫不相干的英语教师。

在成立阿里巴巴之前，马云已经创业四年。在"中国黄页"奋斗了两三年，在外经贸部做了13个月临时工，结果都失败了。从北京灰溜溜地回到杭州。

"十八罗汉"凑了50万元人民币创办阿里巴巴，原以为可以支撑12个月，结果到第八个月就弹尽粮绝了。到1999年7月的时候，马云只能借钱给创业伙伴们发工资。阿里巴巴岌岌可危。

马云和蔡崇信去硅谷融资，被30多个风险投资基金拒绝。马云和彭蕾在杭州找投资，拒绝了一个浙江民营企业老板的高利贷，还在杭州世茂饭店拒绝了一次上百万美元的投资。直到第39家投资商高盛基金出现，阿里巴巴才获得了第一笔风险投资 500 万美元，挺过了创业初期的艰难。

■ 延伸解读

很多人只看到了阿里巴巴的成功，却忽略了马云曾经的失败。马云不是完人，犯过很多错，受过不少挫折。但他没有被失败打倒，坚持自己的梦想，追逐着互联网发展的机会。"永不放弃"是他的座右铭。

即使在阿里巴巴最困难的时候，马云也依然坚持慎重选择投资商。他当时很缺钱，一再遭到拒绝，但机会上门时又拒绝对方，只因投资商跟自己的理念不合。这让公司多了一段困难时期，却也让阿里巴巴避免了过早夭折。

马云说："如果说我跟别人哪里不一样的话，就是我观察问题的角度和别人不一样，看问题的深度和别人不一样。每个人、每代人都有自己的机会，就看你是否能够把握住。有人把机会看成了灾难，也有人把灾难看成了机会。遗憾的是，世界上多的是把机会看成灾难的人。"

他在创业之初饱尝失败，却把灾难当成了机会。他在顺风顺水时没有忘记灾难，反而去多了解别人失败的原因。成功背后付出的代价很大，阿里巴巴几次差点儿被错误决策毁掉，跌跌撞撞地挺过早期阶段。这些教训，马云终生不敢忘。

▶ 阿里方法论

不要迷信成功学

很多成功学的书把马云当作成功专家，但马云自己不这么认为。他在《赢在中国》第一赛季晋级篇第三场中建议参赛选手少听成功学讲座。他还常常告诫阿里巴巴全体员工："因为我们要做 102 年的企业。如果有一天你上了什么封面，你就把自己当作上了一个娱乐杂志一样，不要认为那是成功。成功是很短暂的，背后所付出的代价是很大很大的。"

那些成功人士的成功，往往有很多复杂的主客观因素。比如，马云认为阿里巴巴之所以能取得成绩，是因为这个时代给了他们机遇。如果没有互联网、没有改革开放、没有新兴的电子商务行业，就不会出现阿里巴巴这样的企业。

成功人士的方法看似科学合理，但通常只有在特定的情况下才能真正发挥作用。其他人盲目照搬的话，只是东施效颦，不会取得预期的效果。这就是失败者多，成功者少的原因。

马云对此有清醒的认识，故而建议人们不要听太多成功学讲座，而是多了解别人的失败经验。因为失败不需要什么恰到好处的机会和主客观条件，任何一个小问题都可能导致失败。假如创业者能从这些失败案例中吸取教训，就能少走一些弯路，不至于在抓住机会之前被自己的失误整垮。

保持乐观、积极、坚持的创业精神

● 阿里故事

波特·埃里斯曼曾经是阿里巴巴国际及阿里巴巴集团的副总裁,主要负责公司的国际网络运营、国际营销及公司合作等事务。他见证并参与了阿里巴巴从创业小团队到阿里国际在香港上市的全过程。在离开阿里巴巴后,波特·埃里斯曼用纪录片《扬子江大鳄》记录了阿里巴巴及其创始人马云的崛起,并亲自担任该片的编剧和导演。

他在 2000 年时跟马云一起去柏林展览中心参加"世界互联网大会2000",同行的还有时任阿里巴巴欧洲事业部负责人的阿比尔·奥莱必。三人想借此机会向欧洲企业推广阿里巴巴,由马云在一间拥有 500 个席位的大厅发表演说。

谁知他们来到大厅时发现全场只有三名听众。但马云还是很快恢复镇定,热情洋溢地讲述了阿里巴巴的发展史和自己的个人经历。三名听众的掌声十分热烈。在结束演讲后,马云说:"别担心,下次我们再来的时候,这里肯定座无虚席。"

波特·埃里斯曼回忆道,马云根本没看他的简历,只是聊了 5 分钟就决定聘请他。而他也被马云凭直觉和勇气快速做决定的作风打动,相信"无论阿里巴巴成功与否,与他(马云)共事都将会是一段美妙的旅程"。

■ 延伸解读

马云把乐观、积极和坚持作为自己成功的秘诀。乐观就是不抱怨，以乐观的态度看待未来，从别人的抱怨中找机会。积极就是有担当的勇气，有行动的决心，而不是停止在梦想阶段。坚持就是比其他人更能坚持到底，再苦再累再难也要走下去。

即使是一贯乐观的马云，也曾经坦言自己至少有过1000次想放弃的念头。但他最终对自己说"再熬一熬可能就熬出来了"，于是继续坚持下去。结果他和他的伙伴们真的熬出来了，把阿里巴巴变成了一家众所周知的著名企业。

与此同时，马云还告诫广大创业者，不要想着怎样能够一夜暴富，也不要想着怎样才能快富。很多人的问题是过于浮躁，希望马上成功。如果不能马上成功，就会抱怨不已，对创业持悲观态度。空有想法而不敢积极行动，遇到困难就会放弃初衷。拥有这种想法的人，真的不适合创业。

创业是一条艰难的道路，并非每个人都适合踏入此道。创业者应当学会乐观地看待未来，积极地寻找机会，有坚持到底的毅力和解决社会问题的担当。假如不具备这些品质，即使拥有再聪明的头脑、再充足的资金，也不会走向成功。

▶ 阿里方法论

永远不要低估自己

在阿里巴巴早期发展阶段，马云总是让经理们拿出最乐观的估计，然后把最终目标提高到预计的3～4倍。他对众人说："如果你都不去想象，它就不会发生。"据波特·埃里斯曼回忆，他们在年初总是觉得不可能完成的目标，但在年底时几乎每次都能完成甚至超额完成。

别看马云在制定目标时总是抱着乐观态度，他刚开始也曾低估了自己和阿里巴巴"十八罗汉"中的其他同伴。马云刚开始时逢人就说自己不是当 CEO 的料,只适合做英语老师。他还认为"十八罗汉"都不适合做高层管理者,因为大家都缺乏管理经验。

阿里巴巴的创始人最初一直把公司正规化的希望寄托在从外部招聘的职业经理人身上。然而,今天的阿里巴巴高层管理者大多还是出自这批创始人。他们通过不断的学习,成长为自己当年不敢想象的出色人物。

永远不要低估自己的另一层意义是永远不要高估对手。这当然不是说我们可以大意轻敌。在战术上要重视对手,向优秀的竞争对手学习,但在战略上一定要不惧对手。尽管对手的资源很多,但可能并不像表面上那么强大。创业者要勇于挑战,巧妙竞争,找出对手的不足作为发展的重点,形成不对称竞争优势。

扛下困难，才能见到后天的太阳

● 阿里故事

2000年9月20日，马云宣布阿里巴巴进入紧急状态。阿里巴巴的"冬天"开始了，公司面临有史以来最严峻的考验。马云在12月18日召开了全公司大会。他在会上指出："现在阿里巴巴的发展遇到了很大问题：一、干劲、士气不如从前。人多是双刃剑，早期的氛围肯定会被冲淡，外面的人进来，一些人小富即安。二、网站没有进步，陷入迷茫。网站的使用是个人还是企业？网站建设陷入停顿。三、竞争对手。有些我们不认为是竞争对手的人已经起来。"

2001年1月，阿里巴巴把原来的10个办事处砍成了3个，原来工号100以内的老员工有一半被裁员。当时的阿里工号是按每个人加入公司的时间顺序排列的，马云是1号，前20号是公司的创始人，前100号是公司的老班底。公司里的40个外籍员工只剩下5人。

据阿里巴巴前首席技术官吴炯回忆，当时的形势是公司的钱只够烧几个月，离散伙不远了，很多人虽然嘴上不说，但是心里认为阿里巴巴难逃一劫，只有马云还保持着乐观。不过，马云被媒体追问网络发展前景时，也忍不住大声说："现在别问我网络的事，我也不知道它要往哪去。"

在这个互联网"最寒冷的冬天"，阿里巴巴深陷危机。即便如此，马云依然对互联网抱有信心，宁可选择"跪着过冬"，也不肯放弃阿里巴巴的事业。他的决心没有动摇，阿里人还在继续与命运抗争。

■ 延伸解读

从2000年下半年到2001年年底，经过大裁员的阿里巴巴看似没有什么作为，实则在苦练内功。创业团队一边招兵买马，一边开展"三大运动"（"关键先生"关明生就是在此时加入公司的）。马云说："从2000年下半年到2001年西湖论剑召开，我们做了三件大事：'延安整风运动'、'抗日军政大学'和'南泥湾开荒'。"

"延安整风运动"就是树立统一的企业使命、价值观。在此之前，阿里巴巴有杭州总部团队、香港特别行政区团队和美国团队。看似人才济济，但对公司未来的看法不一致。通过"整风运动"，留在阿里巴巴的人树立了共同的使命和价值观。

"抗日军政大学"是指开设"百年大计"培训课和"百年阿里"培训课，对公司团队进行全面而系统的培训。通过这一轮充电，阿里巴巴的技术、销售团队掌握了专业的管理技能，公司管理走上了正规化道路。

"南泥湾开荒"是指确定盈利模式和主打产品。马云说："大生产，我们的销售队伍，我们的产品必须出来。没有人会再来投资了，我估计后来的灾难会更长。我们更要有充分的准备，不要到机会来了，我们却没有准备好。"前两项运动都是为了"大生产"做准备的。

阿里巴巴通过"三大运动"打造出了一支精锐的团队，开始了中国供应商的销售大战。赫赫有名的阿里"中供铁军"就是这个时期诞生的。阿里巴巴在"寒冬"中存活下了来，为迎接"春天"打下了坚实的基础。

▶ 阿里方法论

马云的"跪着过冬"理论

2000年互联网遭遇了"最寒冷的冬天"。马云当时对员工说:"中国网站6个月之内有80%会死掉,就像新经济,有70%的想法要扔掉,只有30%能实现下去。这时你跟竞争者拼谁能活着,谁能专注。"

以这个形势判断为基础,马云提出了"跪着过冬"理论。他要求阿里巴巴全体员工不管多苦多累都要坚持下去,哪怕是半跪着也要挺着,不能躺下,不能倒下,坚持到最后的胜利。当其他企业大面积倒闭时,只要阿里巴巴是半跪着存活,就会迎来转机。

马云的"跪着过冬"理论一经提出就备受争议,但阿里巴巴用事实证明这个做法确实有效,它帮助公司度过了全行业的"寒冬"。对很多创业者来说,活着就已经很不容易了,遇到行业不景气的时候,想得更多的是选择急流勇退。

放弃容易,坚持很难。在所有企业都很困难的情况下,谁先放弃就等于先倒下了。而后放弃的企业将会面临越来越大的压力。这是一个漫长的煎熬过程,会淘汰大批曾经不错的企业。当市场回暖的时候,剩下来的企业不会很多,大量市场空白有待填补。这些"跪着过冬"的企业将获得更多的发展空间。阿里巴巴每次遇到困难时都坚持这个方法论,故而能逢凶化吉,转败为胜,再次赢得发展先机。

第二章

明确奋斗目标，让天下没有难做的生意

　　没有目标的企业就像断了缆绳的热气球，飘到哪里是哪里，最后燃料耗尽，不知坠落在何处。创办企业是为了赚钱，但赚钱不是你的奋斗目标。你要想清楚自己的企业从事的是什么行业，要在社会大生产中扮演什么样的角色。

　　只有制定清晰的奋斗目标，明确企业使命，公司上下才知道该朝什么方向努力。否则的话，团队各成员很容易为企业未来的发展方向产生争议，一言不合就让公司分崩离析。阿里巴巴从一开始就提出了一个颇有理想主义色彩的奋斗目标——让天下没有难做的生意。

阿里巴巴的三大愿景目标

● 阿里故事

在阿里巴巴创业之初，马云就对其他小伙伴提出要做 80 年的公司，要成为全球十大网站之一。

据阿里巴巴集团总裁、创业"十八罗汉"之一的金建杭回忆，当时其他人都感到很迷茫，觉得"做 80 年的公司"这个目标离自己太远，"成为全球十大网站之一"更是好高骛远。

马云后来解释道，他之所以提出 80 年的目标，是因为看到 1999 年的国内互联网乱象。很多公司在上市 8 个月后就圈钱跑了，并没有真正想着建设中国互联网，改善经济环境。

为了不让团队成员产生这种赚快钱的投机心态，他才提出这个目标。通过树立一个长远目标来杜绝众人的短期心态。公司的每一个决定，员工的每一项工作，都围绕共同的长远目标进行。这样就能让团队上下养成脚踏实地的工作作风。

在 2004 年时，阿里巴巴进入了成立后的第五个年头，从互联网泡沫中脱颖而出。此时的阿里巴巴兵精粮足，"十八罗汉"也不再迷茫。于是马云把"做 80 年的公司"改为"做 102 年的公司"，并重新设定了三个明确的愿景目标。

■ **延伸解读**

愿景目标一：做 102 年的企业

马云说："阿里巴巴是创业者，培养的是中国的土老板，我要完成自己作为老师的心愿。我将阿里巴巴定位为活 102 年的企业，就是持续成长、发展 102 年。为什么是 102 年？阿里巴巴是 1999 年诞生的，到下个世纪初，刚好是 102 年，横跨了三个世纪，目标很明确。我认为大学是可以走 100 多年的，企业的文化也可以走 100 多年，企业文化是企业发展的 DNA，投资也可以做 100 多年。既然确定了我们要走 102 年，就要有思考和建设，因此我们成立了阿里学院，目的是帮助中小企业和创业者。今天，我们还在规划做更多的事情。"

想要成为长寿的企业，就必须立足长远考虑问题，而不能只考虑短期的利益。因为再能干的企业家也不能执掌企业 102 年，必然要借助企业文化实现组织的薪火相传。

这个愿景目标刚好跨了三个世纪。它让全体员工明白了阿里巴巴希望在未来变成什么样子，在公司遇到短期利益和长期利益之间的冲突时该如何取舍。

愿景目标二：成为全球最大的电子商务服务提供商

阿里巴巴白手起家，为中国的无数中小企业和创业者提供了电子商务服务平台。创业团队最初把"只要是商人，一定要用阿里巴巴"作为立足之本。马云刚开始把让阿里巴巴成为全球十大网站之一定为愿景目标。

谁也没想到，阿里巴巴历经艰辛后的发展势头如此迅猛，在与国内外的强劲对手竞争中屡战屡胜，成了中国最大的电子商务服务提供商。于是阿里巴巴团队把原先的愿景目标升级为争当全球最大的电子商务服务供应商。

为此，阿里巴巴不断拓展自己的商业生态系统，并向互联网行业输出价值观，创办阿里学院、淘宝大学等为社会培养电子商务人才，在服务社会的同时成就自己。

愿景目标三：成为全球最佳雇主

阿里巴巴在 2004 年被评选为"CCTV 中国年度最佳雇主"，在 2005 年获得"中国大学生最佳雇主"奖项，在 2014 年获得"中国大学生最佳雇主"TOP50 的冠军。

公司能取得这些成就，与"成为全球最佳雇主"这个愿景目标是分不开的。阿里高层不仅重视使用人才，还注重养育人才，关心员工的生活，倡导重情重义的团队氛围。这一切都体现了以人为本的价值观。

马云表示："阿里巴巴要以人为本，人才是我们的本钱，我希望阿里巴巴的领导者永远用欣赏的眼光来看我们的员工。我们每年都要检视自己离世界最佳雇主还有多远，我们希望我们的员工变得富裕，变得开心。其实，很多公司比我们有钱，但员工并不用心。我们要做到的是，让我们的员工一辈子都有成就感。"

▶ **阿里方法论**

愿景必须反映企业的独特性

企业的愿景目标回答的是"我们想要创造什么"的问题。企业的独特性，这个企业可以生存下去的理由，什么东西对企业最重要，都体现在愿景目标之中。如果反映不出企业的独特性，就说明当前的愿景目标依然很模糊。

愿景目标跟公司的主要业务有关，但不能简单等同。每个创业公司不可能永远只做这项业务。市场在变化，技术会升级，客户会换代，企业的业务也会随之变更。把愿景目标局限在主要业务的范围内，就会限制公司未来的发展空间。

当你的愿景目标独具特色时,你的员工会受到鼓舞,产生"这是我们的公司"的意识。原本互不信任的人会因此达成共识,携手共进,成为一个整体。即使公司处境困难,也能齐心协力地共同奋斗。

企业使命：帮助客户把生意做得简单

● 阿里故事

在创业之初，"十八罗汉"采用的是直销模式，一家一家去敲客户的门，辛苦程度可想而知。阿里巴巴生存不易，各方面都还在摸索阶段。而阿里巴巴面向的客户——中小企业和创业者同样有许多困难。

尽管确定了发展电子商务的大方向，但阿里巴巴团队一开始并不太清楚该怎么做。在体会到中小企业和创业者们的痛苦后，马云强烈地感受到阿里巴巴做出什么样的电子商务，会影响到别人的收入，影响到一些实力不强的小企业和创业者。

马云提出了一个尖锐的问题："后台产品越来越多，但有多少是真正能够帮助到小企业的？"阿里巴巴做电子商务的出发点就是帮助客户生存。用马云的话说就是"让天下没有难做的生意"。从那以后，阿里巴巴的大事小事都围绕着这个企业使命展开。

公司早期的产品很简单，在同行眼中看起来毫无设计感，但客户感觉非常实用。因为马云等人真正明白中小企业和创业者的辛苦之处，一切都围绕着帮他们打开商路而做，设法让客户多拿到订单，多赚一些钱。

■ 延伸解读

想要基业长青，企业就不能只跟着钱袋子走，而必须要有一个明确的企业使命，让员工知道该往什么方向努力，让领导者知道该怎样改善管理。为阿里巴巴设计战略路线图的曾鸣教授提出了企业三基石理论，把公司的企业使命上升到了战略理论的高度。

企业基石一：使命（Mission）

使命（Mission）是一种超越金钱的大追求，能给团队成员带来自我成就感。如果仅仅以赚钱为使命，所有的企业没有任何区别。但这种同质化的答案不可能让企业认清自己的发展方向。使命的解答是"什么样的人为了什么样的目的走到一起"的问题。它的存在诠释了组织存在的意义。

企业基石二：远见（Vision）

很多人通常把 Vision 翻译为愿景，但曾鸣一般把它翻译成远见，也就是对未来的预测能力和把握能力。这就要求企业的战略具备前瞻性。前瞻性决定了企业能否比别人更早、更快、更清晰地看到未来，抓住未来的机遇。远见回答的是"为了实现使命，这一群人在一起要做什么事情"的问题。

企业基石三：组织（Organization）

使命解决的是人的问题，远见解决的是事的问题。怎样把人和事结合在一起，就是"组织"的问题。理想的组织形态就是让正确的人用正确的方法去做正确的事。但这在现实中很难做到。怎样将人、方法和事有机结合在一起，就是组织发展的意义。

阿里巴巴从诞生之时起已经具备了企业三基石中的"使命"和"远见"，只是在"组织"这个层面还处于发展阶段，仍有许多挫折和弯路在前方等着创始人团队。

> **阿里方法论**

问题越多，机会越大

阿里巴巴成立之初，几乎没人看好它。因为西方发达国家已经拥有高效运行的市场，电子商务发展非常迅速。同时期的中国连互联网基础设施都非常薄弱，对海外的电子商务也缺乏概念。很多人认为马云和他的小伙伴们是骗子。

一般人遇到这么困难的局面，基本上就放弃创业了。但马云看问题的角度不同，他认为问题越多的地方机会越大。阿里巴巴创业团队在一片质疑声中埋头苦干，从无到有，建成了中国的电子商务基础设施，培养了大批本土电子商务人才。

随着国家的不断发展，原先不健全的国内互联网基础设施已经日益完善，为互联网经济的繁荣打下了坚实的基础。阿里巴巴在此过程中贡献良多。毫不夸张地说，阿里巴巴从零开始耕耘，硬生生地把中国电子商务市场壮大了。

作为拓荒者的阿里巴巴也因此得到了其他竞争对手所得不到的丰厚回报。即使是eBay（易贝）这样的国际行业老大，最终也在跟阿里巴巴竞争中国电子商务市场时铩羽而归。假如马云团队当初因为困难太多而放弃企业使命，就不会有阿里巴巴的今天。

用互联网的能量服务中小企业

● 阿里故事

　　1999年，马云应邀参加亚洲电子商务大会。他回来时在思考怎样做符合中国实际情况的电子商务。全球把易贝、亚马逊和雅虎的发展模式奉为圭臬，各国的创业公司也争相效仿这些互联网巨头。

　　但马云对市场有着不一样的认识。他认为这三家美国公司的发展模式都不适合中国。因为当时中国的银行、物流配送都没做好准备，难以按照这三种美国模式做电子商务。他经过反复思考后觉得有必要开辟第四种模式B2B（企业对企业）——把目标客户锁定为中小企业。

　　马云分析道："中小企业好比沙滩上的一颗颗石子，通过互联网可以把这些石子全粘起来，用混凝土粘起来的石子威力无穷，可以和大石头抗衡。而互联网经济的特色正是以小博大、以快打慢。"

　　当时中国尚未加入WTO组织，但马云判断这件事迟早会发生。亚洲是最大的出口基地，等中国加入WTO组织后，全中国的中小企业都会增加大量出口贸易。围绕企业对企业的交易来提供服务，帮助中小企业发展出口，将会获得成功。于是，阿里巴巴一成立就致力于用互联网的能量服务中小企业，这个基本方针至今未改。

■ 延伸解读

马云说："如果把企业也分成富人、穷人，那么互联网就是穷人的世界。因为大企业有自己专门的信息渠道，有巨额广告费；小企业什么都没有，它们才是最需要互联网的。"

国外的B2B以大企业为服务对象，阿里巴巴的B2B以中小企业为服务对象。两种经营思路各有优势，但阿里巴巴若是也选择大企业，就很难与竞争对手较量。因为外国的大企业早已被易贝、亚马逊和雅虎拿下，国内的大企业为数不多且不好打交道。

根据马云做"中国黄页"和在外经贸部做客户宣传时的经验，说服大型国有企业需要经过13次推销，说服浙江的中小企业只需要3次。从宣传推广成本来说，开拓中小客户更容易，利于快速占领市场空白。所以，阿里巴巴才选择了"人弃我取"的策略。

▶ 阿里方法论

不抓鲸鱼只抓虾米

按照商界流行的二八法则，20%的大客户能为公司带来80%的利润，80%的中小客户只能给公司贡献20%的利润。所以国内外很多企业只要具备足够的实力，就会竭力争取世界各地的大客户，竞争非常激烈。能力不足的公司往往只能去抢大公司不要的市场资源。

但阿里巴巴没有采纳这个被商界奉为圭臬的营销法则，反而提倡"不抓鲸鱼只抓虾米"的经营策略。换言之，阿里巴巴要从大家看不起的80%的中小客户中挖掘商机。这无疑是对二八法则的公然挑战。

尽管看起来不合理，但阿里巴巴的做法并非毫无依据。根据马云等人的调研，中小企业的商人头脑精明，生存能力很强，务实不务虚。他们不考虑什么高深的、前沿的商业理论，只看电子商务平台能否让自己赚更多的钱。只要阿里巴巴为其提供便利的服务，他们就愿意在阿里巴巴的平台上做生意。

马云说："让别人去跟着鲸鱼跑吧，我们只要抓些小虾米。我们很快就会聚拢50万个进出口商，我怎么可能从他们身上分文不得呢？"

通过积累无数"虾米"，阿里巴巴不断发展壮大，反而超过了不少只抓"鲸鱼"的同行竞争对手。迄今为止，阿里巴巴依然延续着"不抓鲸鱼只抓虾米"的经营策略，重视为中小企业提供更完善的服务。

认清服务对象，建立强大的竞争体系

● 阿里故事

2002年初，经历过大裁员的阿里巴巴蓄力已久，重新向市场大进军。马云提出阿里巴巴要"赚1元钱"的目标。公司的前端直销团队以地毯式扫楼的战术拜访了工业园区里的所有企业。

据阿里巴巴集团副总裁、中国内贸事业部联席总经理杨猛回忆，他当时被分配到温州做销售。刚开始公司培训要求穿西装、衬衫和打领带，结果进入当地市场后发现，当时的温州老板大都剃着光头、穿着T恤。阿里销售团队显得格格不入。于是所有的销售员在三天后都换上牛仔裤和T恤去谈业务。

当时互联网在国内还没普及，阿里巴巴的产品是看不见、摸不着的电子商务，一上来就跟商家说要六万元一年。很多老板不到五分钟就下逐客令。吃苦耐劳的杨猛克服重重困难，在入职三个月后成为同批人中业绩第一的销售员，入职一年零五个月后晋升为阿里巴巴的区域主管。

阿里的销售员废寝忘食的努力终于得到了回报。2002年10月末，直销团队的骨干干嘉伟从苏州打车到杭州，把四万元现金交到财务手上，马云"赚1元钱"的目标得以实现。这是阿里巴巴开始盈利的标志，从此以后，阿里巴巴进入快速成长期。

■ **延伸解读**

阿里巴巴在发展电子商务的过程中始终牢牢地抓住核心客户。即使遭到服务对象的质疑和拒绝,阿里人依然锲而不舍,围绕对方的需求不断改进自己。这就是阿里巴巴打动客户的关键。

曾鸣教授认为阿里巴巴的成功在于做好了四个核心决策。

◎ 核心客户价值足够强大、鲜明、容易感知。
◎ 准入门槛有多高?
◎ 信用问题如何解决?
◎ 基本功能如何满足?

阿里巴巴平台一开始找的切入点很小,核心客户是原来社会边缘的客户,他们之前没有得到很好的服务。虽然阿里巴巴的服务还比较简单粗暴,但能给第一批用户提供五六倍的价值,所以最终得到了认可。

早期阿里巴巴想办法降低准入门槛,给服务对象提供方便。随着公司服务平台的升级,服务对象也得到了越来越多的便利。尽管较低的准入门槛让阿里巴巴平台的治理难度加大,但与赢得核心客户的稳定支持相比,还是值得的。

如何解决信用问题是发展电子商务的要害。阿里巴巴没有止步于平台建设,而是为了巩固淘宝基业发展出了以支付宝为代表的信用体系。这一招盘活了淘宝,也盘活了整个阿里巴巴的竞争体系,为后来的电子商务生态打下了坚实的基础。

早期的阿里平台功能比较简单,但已经准确抓住了核心客户——中小企业和创业者的痛点。而且"让天下没有难做的生意"这个企业使命,给阿里人升级服务体系树立了一个明确的价值标准,让所有的细节改进都能更好地满足服务对象的需要。

▶ 阿里方法论

阿里巴巴的生财之道

阿里巴巴以"让天下没有难做的生意"为企业使命，致力于打造便捷高效的电子商务平台。但在刚开始的时候，很多人嘲笑马云提出的商业模式是疯子的想法，甚至认为阿里巴巴团队是骗子。

在今天看来，马云的赚钱思路非常清晰。他说："对于电子商务网站来讲，所谓的客户第一，简单来说就是让自己的会员赚到钱。这并不是说会员口袋里有了5块钱，然后我们拿1块钱，而是要帮助客户把口袋里的钱变成500块甚至更多，这个时候会员会非常愿意给你50块钱。"

阿里巴巴始终把渴望发家致富的创业者和渴望扩大盈利规模的中小企业作为主要服务对象。这在当时还是一个市场空白。通过不断解决这些服务对象的问题，阿里巴巴的平台越来越完善，形成了自己的核心竞争力。

第三章

做企业一定要专注，找到你的独特优势

企业在创业阶段的首要任务是活下去。但这不代表管理者为了赚钱什么都可以做。那种看似灵活的做法，非但不能让企业跟上市场风向，反而会把自己的发展步伐搞乱。做事业不能贪大求全，不可妄想从所有的生意中捞钱，一定要聚焦在明确的目标市场上。

创业者要弄清楚自己要做什么，想怎么干，想干多久，找出自己独特的优势，制定的战略目标不要超过三个，集中力量进行突破，用正确的方式做正确的事。阿里人相信实力是失败堆积出来的，咬牙顶住了创业初期的压力，没过几年，白手起家的阿里巴巴就成长为一家大公司。

你要做什么？怎么做？做多久？

● 阿里故事

2000年，成立不到一年的阿里巴巴同时在美国硅谷、伦敦等地多点开花，迅速成长为一家跨国企业。但马云很快感到管理工作力不从心。

硅谷的美国同事认为技术是最重要的，而当时的互联网行业都以硅谷为榜样，很多人都认为硅谷专家的意见一定是对的。身在中国香港的副总裁们认为应该向资本市场发展。

马云问当时阿里巴巴美国公司的副总裁："我们一年不到就成为跨国公司了，员工来自13个国家，我们该怎么管理？"对方回答："马云，你放心，有一天我们会好起来的。"

谁知，阿里巴巴到了2000年年底就不行了，不得不进行了第一次也是至今唯一的大裁员。

马云回忆道："当时我们有个很幼稚的想法，觉得英文网站应该放到美国，美国人英文比中国人好。结果在美国建站后发现犯了大错误：美国硅谷都是技术人才，我们需要的贸易人才要从纽约、旧金山空降到硅谷上班，成本越来越高。这个策略是一个美国MBA提出来的，当时提出来时想想真是有道理，到了一个半月我们才发现这是个错误，怎么可能从全世界空降贸易人才到硅谷上班？然后赶快关闭办事处。"

■ 延伸解读

根据曾鸣教授的研究，1999～2001年是阿里巴巴的战略尝试期。当时大家只知道互联网对贸易有帮助，但根本不知道电子商务具体该怎么做。经过2000年年底的大裁员、2001年开展的"三大运动"，直到2002年，阿里巴巴才初步找到感觉，逐渐知道客户需要什么样的产品，怎样开始收费，如何去扩张市场。也就是说，阿里巴巴直到2002年才开始逐渐认清自己的战略，明确自己要做什么，怎么做，做多久。

创业团队对未来的大方向有了相对清楚的认识，但还没有找准最关键的切入点，缺乏真正的战略思考。这导致阿里巴巴在战略决策上出现严重的失误，徒有雄心壮志，而无法使战略有效落地。

曾鸣眼中的战略思考包括三个层面："第一，你想做什么？你的目标、理想是什么？什么能让你兴奋？第二，外面有什么机会？什么事是可做的？不同的时候的确有不同的机会，最核心的是判断什么是大机会，什么是小机会。对远见的讨论可以推导出哪些可做、哪些不可做，哪些可大做、哪些要小做。第三，什么东西你能做？你有什么样的资源、人或者组织建设的能力？想做、可做、能做，这中间的小小交集，才是你真正该做的，这就是你的战略。"

阿里巴巴通过反复尝试，终于找到了想做、可做和能做的交集，摸索出属于自己的战略。马云后来又聘请曾鸣为集团制定战略发展路线规划图，进一步弥补了战略决策层面的短板，让阿里巴巴的发展不再像过去那么盲目。

▶ 阿里方法论

如何让新员工适应创业公司

创业公司好比是发展中国家，存在这样那样的问题。公司招聘的人可能是缺乏工作经验的高校应届毕业生，也可能是来自著名大公司的职场达人。如何让后者适应公司的环境,是领导者应该认真考虑的问题。

那些来自知名企业的员工通常具备很强的能力,但可能没在创业公司待过。他们会根据自己过去的经验来判断问题,拿制度健全、市场成熟、团队强劲的大公司来跟新公司做对比,把注意力放在创业公司的不足之处上。

如此一来,他们很容易对自己当初的选择产生怀疑,后悔来这里工作。假如同一批加入的新员工普遍存在这种抱怨,就很可能让创业公司人心动荡,最终遭遇集体离职潮。这是我们在创业阶段必须注意避免的问题。

阿里巴巴的解决方法是通过培训和演讲等手段让新员工充分了解公司的价值观和创业史。通过具体的、有证据的对比来证明公司已经在不断进步。尽管目前很多地方还不够完善,但未来的发展前景是值得信任的。员工只能管中窥豹时会变得多疑,如果让他们了解公司发展的整体方向,反而更能取得其信任。

砍掉每年的第四个战略目标

● 阿里故事

由于战略决策失误,阿里巴巴的财务状况变得入不敷出。2000年1月,阿里巴巴召开了一个决定公司命运的重要会议。决策层做出了三个战略部署:

◎ 回到中国,把公司重心从国际市场转回中国市场。

◎ 回到沿海,把业务重心放到中国沿海的六个省。

◎ 回到中心,把阿里巴巴总部搬回杭州。

为了减轻压力,公司必须进行裁员,节省运营成本。但马云、蔡崇信和时任首席技术官的吴炯都还在为大裁员还是小裁员而犹豫不决。管理经验丰富的关明生力主大裁员,并坚决果断地承担起这个恶人角色。

据关明生回忆,当时的阿里巴巴有五个战场:中国的杭州和香港,以及美国、欧洲、韩国。但这五颗子弹里只有一颗子弹能够制胜,只有一个地方能够活命,那就是杭州。确定了撤站裁员的封杀战略,关键是怎么执行。他刚来没有包袱,人都不认识,是比较好的参与封杀的人选。

这场大裁员先后把美国、中国香港、韩国的办事处都精简了。许多员工对阿里巴巴还有相当的热爱，愿意留下来跟公司共进退，相信公司一定会成功。但阿里巴巴的形势过于严峻，只能将其忍痛裁撤。裁员使得阿里巴巴每月的运营成本从 100 万美元瞬间下降为 50 万美元，为公司赢得了宝贵的一年喘息时间。尽管这次"外科手术"给创始人团队留下了很多痛苦的记忆，但阿里巴巴通过收缩战略目标缓过劲来，集中力量发展中国大陆市场，成功地东山再起。

■ 延伸解读

　　马云在事后评价道："虽然人少了，但我们的成本控制住了。现在公司的成本处于一个稳定的阶段，几乎每个月都可以做到低于预算15%左右，控制成本其实没有什么秘诀，就是做到花每一分钱都很小心。我们公关部门，公关预算几乎为零，请别人吃饭是自己掏钱。我自己应该是网络公司里最寒酸的 CEO 了，出差住酒店只住三星级的。我们不是用钱去做事，而是用脑子去做事。"

　　阿里巴巴此前把力量分散在五个战场，相当于拥有五个战略目标。结果在国际市场入不敷出，拖累了整个公司。这场大裁员不仅大幅度削减了人力资源管理成本，更是宣告初生的阿里巴巴从国际市场急速后退。

　　这次惨痛的教训让阿里人明白了一个道理：分散力量，增加运营风险。如果不能集中力量专注发展主要业务，就无法在该领域取得重大突破。如果不能有效控制运营风险，优秀的人才团队和优质的产品服务也挽救不了公司的败局。

　　后来的阿里巴巴业务规模不断扩大，业务种类也越来越多。集团为了让每个业务都有足够的力量经营，就根据业务拆分出新的子公司。每个子公司都专注于发展某项业务，当业务庞大到一定程度后又拆分成新的子公司。阿里巴巴通过这种方式解决了"专注"和"多元"的矛盾，实现了多个战略目标，构建了属于自己的商业生态系统。

▶ 阿里方法论
团队为目标工作，而不是为老板工作

创业公司多有强势的老板。这些老板喜欢发号施令、掌控局面，又不愿意听中肯的反对意见，往往会变得刚愎自用、一意孤行。结果导致很多员工把精力放在取悦老板上，而不是专注于本职工作。

阿里巴巴会给员工灌输一个特别的观念——团队应该为目标工作，而不是为老板工作。马云等人之所以那么重视愿景目标和企业使命，就是希望阿里巴巴的每个员工都能自觉为这些立足长远的东西尽心尽力，而不是忠于某一位领导者。

那些认为自己在为老板而工作的员工，即使刚开始是为完成目标而努力，最后也很可能变成只会取悦老板的人。大家都不再集中精力做业务，都把心思花在内部斗争上，这样的团队很快就会垮掉，让公司停滞不前。

对于马云而言，只要能坚持围绕目标工作，就是员工对老板最大的尊重。一心做业务的员工实际上已经在贯彻阿里巴巴的企业使命。如果团队上下都抱着这种态度为人处事，内部关系就会变得和谐，产出效率自然也更令老板欣喜。

以正确的方式做正确的事

● 阿里故事

2000年，马云和蔡崇信在日本跟软件银行集团（简称"软银"）董事长兼总裁孙正义经过艰苦的谈判，获得了3000万美元的投资基金。当二人兴冲冲地从东京回到杭州召开董事会讨论时，大家却发现软银在阿里巴巴占的股份太多了。

这将导致公司股权不平衡，而马云办公司的原则是不让任何机构和自然人控股阿里巴巴。马云在董事会结束后立即给孙正义的助手打电话说，阿里巴巴只需要2000万美元的投资就够了，并且给孙正义发了一封电子邮件，希望对方把投资额减少到2000万美元，并担任阿里巴巴的董事。

马云表示希望和孙正义联手共同闯荡互联网，若是无缘合作，也依然是朋友。孙正义考虑之后，同意减少投资，但不愿担任阿里巴巴的董事。在马云再三请求下，他才破例同意担任阿里巴巴的顾问。

孙正义回复马云："感谢您给了我一个商业机会。我们一定会使阿里巴巴名扬世界，变成像雅虎一样的网站。"后来阿里巴巴收购雅虎中国时，软银提供了很大的帮助。2014年9月16日，已经今非昔比的阿里巴巴集团登陆美股市场，孙正义的财富净值涨至166亿美元，成为日本首富。

■ 延伸解读

在马云看来，如果阿里巴巴被外资企业控股，就很难保证公司还能按照马云创始团队希望的方向发展。为此，马云宁可少拿投资，也要确保阿里巴巴的未来握在创始团队手中。

马云主动减少投资的行为，在很多人眼中是一件傻事。但阿里巴巴还是这样做了。结果孙正义全盘接受了马云的意见。因为早在1999年，他在一次互联网项目评议会上，就一眼看中了预言"互联网将从网友时代进入网商时代"的马云。他非常看好马云和阿里巴巴的未来。

曾鸣教授总结道："战略思考当中最核心的是远见。远见是战略判断的前提和假设，是战略前瞻性的基础。从未来看现在的企业有战略，从现在顺着往前走的企业没战略。做事情前先想一下三年以后产业格局会怎么演化。'以终为始'才是战略思考。"

以正确的方式做正确的事，是一种战略思考能力。马云和孙正义都相信阿里巴巴的前途光明，就是因为他们都喜欢站在未来看现在。两人的远见卓识促成了这次划时代的合作，成就了对方，也成就了自己。

▶ 阿里方法论

成为解决问题的人，而不是抱怨问题的人

波特·埃里斯曼指出："这个世界上有两种人，一种人抱怨问题，另外一种人解决问题。当然，每个人都会时不时抱怨，宣泄情绪。但是，在建设团队的时候，必须要把爱抱怨的人从团队中清除出去。爱抱怨的人不明白他们其实可以解决自己所抱怨的问题。即使侥幸通过面试，爱抱怨的人在阿里巴巴也待不长。解决问题是创业的内核。创业企业要做的就是解决问题。"

马云主张从人们抱怨的地方寻找机会，而他自己并不喜欢抱怨。抱怨是难免的，但一味抱怨无济于事。阿里巴巴从创业开始就在极其困难的条件中挣扎，但"十八罗汉"没有停留在抱怨上，而是身体力行地去解决问题，去帮客户解决问题。

那些能帮助客户解决问题的创业公司，最终都将活下来，并发展壮大，成为受市场信任的公司。阿里巴巴要求每个员工努力成为解决问题的人，而不是只会抱怨问题的人。这种以解决问题为本的观念，促使阿里人坚持以正确的方式做正确的事，并因此走向成功。

找出你能做到而别人做不到的

● 阿里故事

在 2000 年前后，马云向美国的投资人阐述自己的经营理念的时候，遭到的多是质疑和白眼。但他没有丧失信心，而是认为互联网的发展是一个循序渐进的过程，没有任何企业能垄断所有的发展机遇。

第三次科技革命催生了互联网，互联网改变了整个世界，并将越来越深刻地影响人们的日常生活。马云说："未来的发展你永远无法预知，互联网的发展是一个意外事件，是一个事故，是一个偶发事件。"

互联网的发展是一个循序渐进的过程，注定会充满意外的变化。谁也不知道曾经领先的大公司在新的变化出现时能否继续保持领先地位。马云刚创立阿里巴巴时遇到了很多困难，但他坚信总能在互联网的发展过程中找到机会，所以才锲而不舍。

阿里巴巴在开拓事业的时候，同样采用了循序渐进的策略。马云判断当时的中国只适合做电子商务第一阶段的工作，也就是做信息流。至于资金流和物流，在电子商务发展不充分的时候很难兼顾。于是，阿里巴巴在创业初期只做信息流，回避资金流和物流。

如今的互联网跟 10 年前、20 年前的已经大不相同。阿里巴巴也从只做信息流的创业公司发展成了囊括信息流、资金流和物流的商业生态圈。这种循序渐进的做事思路在阿里巴巴的发展过程中起到了至关重要的作用。

■ 延伸解读

马云在阿里巴巴"五年陈"大会上说："我告诉大家，（2007年的）中国至少有60万家进出口企业，而我们才做了3万家，还有57万家，而且进出口企业的数量还在不断增长。我们离富有还太遥远，我们还有很长的路要走。当一个人自认为很富有的时候，他可能就开始走下坡路。中国的B2B垂直网站会迅速发展起来。B2B是一个产业链，是不可能靠单枪匹马发展起来的，因为首先会有人才的竞争，然后是规模的竞争和资本市场的竞争。经过这些竞争，很少有垂直网站能活下来。"

马云部署的战略是：美国的技术、中国的人力资源、全世界的大市场。阿里巴巴还不够强大，但并非没有出路。由于很多配套的东西尚不具备，阿里巴巴没法把信息流、资金流和物流结合在一起。但是，当时还没有一家互联网公司能同时做好信息流、资金流和物流。这给阿里巴巴留下了机会。

于是阿里巴巴量力而行，在很长一段时间内只做信息流，形成了自己独特的优势。随着时间的推移，阿里巴巴的实力越来越强，在市场上也占据了有利位置，逐渐开始把信息流、资金流和物流整合在一起。

多年后，阿里巴巴以蚂蚁金服整合资金流，以菜鸟网络整合物流，从而变成了一个庞大的商业生态系统。

▶ 阿里方法论

看看对手未来会做什么事

创业公司各方面条件都不能跟知名大公司相提并论，硬碰硬的正面竞争必定会输得一无所有。俗话说得好，"叫花子不与龙王比宝"。只有找出竞争对手的盲点，从对方意想不到的地方着力，才能形成不对称的竞争优势。

马云深谙此道。他说："我从来不看对手在做什么，但是我关心对手将来会做什么。看准了对手要走的方向，想办法抢到他的前面。等对手低着头走到他的目标处的时候，抬头一看，原来阿里巴巴早就在路边等着他了。"

竞争对手正在做的事情，通常都是市场中的大机遇。但创业公司能投入其中的资源是有限的，难以跟强势的竞争对手拼后劲。如果能提前判断出对方未来的发展方向，提前在相关领域打好基础，就能获得先发优势，实现跨越式发展。

到那时，我们的竞争对手已经失去了先机，即使投入再多的资源，也难以撼动我们在目标市场中的地位。阿里巴巴就是凭借这种策略击败了众多辉煌一时的互联网企业，在中国电子商务领域中变成了难以撼动的"巨无霸"。

实力是用失败堆积出来的

● 阿里故事

据马云回忆，1999年公司初创的时候，"十八罗汉"以极大的热情向中国企业推销电子商务，跑了十个客户被拒绝了九次，只有一个说试试，大家就很高兴了。当时的马云还很天真地以为，只要公司大了，赚钱就不会那么辛苦。结果阿里巴巴一路走来遭到过不少批评。

2000年7月，马云登上了《福布斯》杂志的封面。同年9月10日，阿里巴巴召开了"第一届西湖论剑"。谁知年底公司却不得不痛苦地做出大裁员的决定。即使提前宣布公司进入6个月紧急状态的马云，也没料到自己这一次败得那么惨。

到2001年1月时，阿里巴巴的账面上只剩下700万美元，勉强够公司维持半年多。更糟糕的是，管理层并没有找到赚钱的办法，资金链即将断裂。来自业界、华尔街和媒体的批评越来越激烈，风险投资商也纷纷拒绝追加投资。那一年倒下的互联网企业有很多，几乎所有人都认为阿里巴巴将会成为下一个阵亡者。就连阿里巴巴上下大多数人都在私下讨论公司的死法如何。

据新加入公司的关明生回忆："2001年是最艰巨的一年，每月都开董事会。降低成本对于股东是个好消息，但股东们每次开会都问：'什么时候赚钱？'"

■ 延伸解读

据彭蕾回忆："那时马云很沮丧，他总说是不是真的那么错误那么失败，要去削减人？马云是重感情的人，看着一起工作的人离开他受不了。他骨子里是喜欢热闹的人，恨不得大家工作在一起，工作完了还在一起。"

马云在那段最困难的岁月里也低沉过，但他相信互联网没有问题，而是做互联网和电子商务的人没找到办法。他相信只要去掉那些多余的泡沫，互联网就会成长。即使众人都不看好，但他依然相信电子商务是一个金饭碗。

他说："网络人最重要的是不能放弃，放弃才是最大的失败。放弃是很容易的，但从挫折中站起来是要花很大力气的。结束，一份声明就可以，但要把公司救起来，从小做大，要花多少代价。英雄在失败中体现，真正的将军在撤退中出现。"

他对全体员工大喊："Never never never give up!（永不放弃）"阿里巴巴在失败中积累经验，不管多苦多累都半跪着不肯倒下。阿里巴巴在九死一生中艰难挺住，成为少数挺过那段互联网寒冬的公司。

▶ 阿里方法论

准备好接受挫折和困难

每个创业者都是抱着成功的信念创业的人。那些判断自己不可能成功的人会直接放弃创业。梦想和乐观是必要的，但必须做好接受挫折和困难的心理准备，以免在遭遇失败的时候一蹶不振。

马云说："创业很累，创业的失败率很高。创业者都是疯疯癫癫的多一点。100个人创业，其中95个人连怎么死的都不知道，没有听到声音就掉到悬崖底下；还有4个人是你听到一声惨叫的，他掉下去了；剩下1个可能不知道自己为什么还活着，但也不知道明天还能不能活下来。所以说失败是绝大部分创业者一定会碰到的问题。"

有的人可能会在屡战屡败中选择放弃，有的人可能会在失败中变得急躁冒进，而有的人则会从中总结出可以反败为胜的经验教训。前两种人是创业者中的绝大多数，最后一种人则是马云所说的1%。

强者的实力是用失败堆积出来的。能否承受连连失败造成的沉重压力，是每一位创业者要认真考虑的问题。假如你坚持不下去，可能会避免更多的失败，却也失去了锤炼实力的机会。无论怎么取舍，都是个人的自由。倘若你选择继续前行，就请咬牙撑住。

夏长卷

永不放弃，平凡的人可以做不平凡的企业

企业的壮大需要时间，更需要管理。当企业如夏季草木般飞速生长时，会在各方面遇到阻碍发展的新问题。再苦再难也永不放弃，努力探索适合企业发展的管理方式，让平凡的人做不平凡的企业，这是阿里巴巴的选择和承诺。

第四章

统一企业价值观，全面植入阿里巴巴的DNA

对于很多人来说，企业文化只是个花架子，不会产生效益，于是他们把企业文化建设当成了面子工程。结果导致团队缺乏凝聚力，员工流动性太大，企业发展到一定规模就难以为继，无力突破瓶颈，人人得过且过。

马云说："在阿里巴巴有一样东西是不能讨价还价的，就是企业文化、使命感和价值观。"阿里巴巴一直把企业文化建设当成发展的重点，甚至从2003年开始把价值观纳入绩效考核当中，权重占到了50%。这个举动让阿里巴巴至今备受争议，但事实证明，阿里巴巴之所以能保持可持续发展的强劲势头，跟重视企业文化建设是分不开的。

阿里巴巴的企业宗旨

● 阿里故事

2000年，阿里巴巴在第一届"西湖论剑"举办后宣布公司陷入高危状态。当时中国香港地区的员工认为公司应该转型为给别的公司建设大网站，美国的员工则认为应该为大企业提供电子商务解决方案。两派争执不下，总部不知所措。

那时阿里巴巴的规模是120人，已经产生了极大的分歧。于是总部决定召开"汪庄会议"，这次会议被称为阿里巴巴的"遵义会议"。

第二年，阿里巴巴开始了第一次"整风运动"，通过明确统一的企业价值观来解决分歧。公司的三大愿景目标和企业文化大多是在那个阶段完成的。

2003年9月，阿里巴巴的规模扩大为1100人。但马云敏锐地察觉到公司出现了文化稀释现象，很多人对企业价值观的认同感在下降。在随后的几年中，阿里巴巴的很多干部滋生了官僚主义作风。于是马云在2005年收购雅虎中国后，又对阿里巴巴进行了第二次"整风运动"，强化了公司上下对价值观的认识。

从结果来看，这两次"整风运动"有效地解决了阿里巴巴的发展瓶颈，树立了统一的企业文化价值观体系，并促进了阿里巴巴各项制度的完善。当公司突破万人规模时，依然确保了各个部门团队能按照共同的企业宗旨做事。

■ 延伸解读

阿里巴巴的企业宗旨主要包含三个内容。

1. 帮助客户赚钱

◎ 阿里巴巴只是一个工具。
◎ 为中小企业带来信息的资源。
◎ 帮助客户发现自己的金矿。

帮助客户赚钱是阿里巴巴最基本的宗旨。因为阿里巴巴的盈利模式就是通过电子商务服务来给客户提供发家致富的机遇。只有客户赚钱了，阿里巴巴才能赚钱。

2. 帮助客户成长

◎ 阿里巴巴的客户必须接受培训。
◎ 把客户集中起来培训。
◎ 成立阿里学院，和客户一起成长。
◎ 帮助客户熟悉对阿里巴巴的使用。
◎ 帮助中小企业提升管理艺术。

很多客户在阿里巴巴、淘宝、天猫等平台上做交易，但由于经营不善等原因，得不到充分的发展。阿里巴巴为客户提供培训服务，增强其发展后劲，就是为了实现共赢。

3. 帮助客户过冬

◎ 大淘宝战略。

◎ 万企工程。

◎ 点亮中国。

阿里巴巴的定位一直很明确——为中小企业服务。上述三条就是这个企业宗旨的细化。全世界大多数企业都是中小企业，互联网经济的发展让无数中小企业打破了大企业的垄断，开辟出自己的一片天地。阿里巴巴对这个市场大趋势洞若观火，故而坚定不移地为广大中小企业客户服务，想方设法地保持它们的活力。

▶ 阿里方法论

文化是企业的DNA

人总会老去，无法工作一百年。一家企业只有薪火相传才能成为百年企业。传承是企业管理的一大难题。马云认为文化是企业的DNA，只要员工能把理想、使命感和价值观一代代地传下去，企业就能不断创新，焕发活力。

这个认识源于2003年。当时阿里巴巴在国内B2B领域已经位居榜首，管理层却突然发现下一步不知道该何去何从。如果企业处于市场的第二、第三位时，可以跟着第一位的发展方向走。站在第一位的企业前方再无借鉴和赶超的对象，必须自己寻找方向。

马云参考了迪士尼、丰田等知名企业的案例后发现，这些公司都有鲜明的企业文化，每个员工也因此具有强大的使命感。因此，阿里巴巴规定新员工必须到位于杭州的总部参加为期一个月的专项培训。

培训内容是企业文化，从第一天开始就系统讲述阿里巴巴的价值观和团队精神。所有的员工都要学会阿里巴巴三大愿景目标、九条精神、六大核心理念、四项基本原则等内容，并在工作中践行这些价值观。不认同这些价值观的员工，无论多么优秀，最终都会被阿里巴巴淘汰。

第一阶段:"独孤九剑文化"

● 阿里故事

2001年,已经53岁的关明生加入阿里巴巴,成为阿里巴巴的资深顾问。他此前在GE(美国通用电气公司)工作了16年,具有丰富的企业管理经验。关明生理性务实,刚毅果决,是推动阿里巴巴走向正规化的关键人物之一。

当时阿里巴巴猛然成长为一个跨国公司,员工来自多个国家和地区,说着不同的语言,有不同的文化习俗,甚至对公司未来的发展方向也有不同的看法。马云等人对如何治理日益壮大的公司抱有很强的危机感。关明生结合GE的经验,建议马云提炼总结阿里巴巴的价值观,用企业文化建设来提高公司上下的凝聚力。

据关明生回忆,他在2001年1月13日对阿里巴巴的创始人说,目标、使命、价值观都很重要。他问:"阿里巴巴有价值观没有?"马云说有。阿里巴巴最初的价值观是马云提出的"信任,简单,快乐"的口号,并没有写下来。

在关明生的建议下,大家总结了群策群力、教学相长、质量、简易、激情、开放、创新、专注、服务与尊重九条价值观。这是阿里巴巴第一次明确提出的价值观,被酷爱武侠文化的马云命名为"独孤九剑"。从此以后，阿里巴巴"独孤九剑"成为全体阿里人的共同准则，直到被后来的"六脉神剑"取代。

■ 延伸解读

价值观是企业文化的名片，是维持组织凝聚力的旗帜，是保障创业者不偏离初心的利器。缺少共同价值观的公司，高层很容易在市场大潮中迷失方向，员工也会形同一盘散沙，没有足够的动力去奋斗。最终往往被拥有鲜明价值观的竞争对手比下去。

"独孤九剑文化"简明扼要地概括了阿里巴巴的团队特色。这让原本只是由管理者言传身教、口头传播的价值观有了清晰的表述，并且为企业文化的继续升级奠定了坚实的基础。

"独孤九剑文化"中的"群策群力"后改为"团队精神"，"服务与尊重"后改为"客户第一"。这九条价值观全部被细化为阿里巴巴的价值观行为准则评分标准。通过绩效考核的方式真正把价值观巩固下来，成为每一位阿里人都要遵守的行为准则。

▶ 阿里方法论

阿里巴巴的价值观行为准则评分标准

1. Customer First（客户第一）

1分：尊重他人，随时随地维护阿里巴巴形象。

2分：微笑面对投诉和受到的委屈，积极主动地在工作中为客户解决问题。

3分：与客户交流过程中，即使不是自己的责任，也不推诿。

4分：站在客户的立场思考问题，最终达到客户满意。

5分：具有超前服务意识，防患于未然。

2. Teamwork（团队合作）

1分：积极融入团队并乐于接受同事的帮助，配合团队完成工作。

2分：主动给予同事必要的帮助；碰到困难时，善于利用团队的力量解决问题。

3分：决策前积极发表个人意见，充分参与团队讨论；决策后，无论个人是否有异议，必须从行动上完全予以支持。

4分：能够客观认识同事的优缺点，并在工作中充分体现"对事不对人"的原则。

5分：能够以积极正面的心态去影响团队，并改善团队表现和氛围。

3. Teach&Learn（教学相长）

1分：掌握与本职工作有关的业务知识和技能。

2分：能够虚心请教，不断充实业务知识，提高业务技能。

3分：在团队中积极主动与同事分享业务知识，交流工作经验。

4分：担任公司范围内的内部讲师，并获得学员一致好评。

5分：代表公司担任业界授课讲师，并获得学员一致好评。

4. Quality（质量）

1分：没有因工作失职而造成的重复错误。

2分：始终保持认真负责的工作态度。

3分：帮助客户解决疑难问题并获得客户的积极认可。

4分：用较小的投入获得较大的工作成果。

5分：不断突破过去的最好表现。

5. Simplicity（简单）

1分：诚实正直。

2分：遵循必要的工作流程。

3分：表达与工作有关的观点时，直言不讳。

4分：做事情充分体现以结果为导向。

5分：遵循但不拘泥于工作流程，化繁为简。

6. Passion（激情）

1分：喜欢自己的工作，认同阿里巴巴企业文化。

2分：热爱阿里巴巴，不计较个人得失。

3分：面对日常工作持之以恒，并不断尝试提升业绩。

4分：碰到困难和挫折的时候不退缩。

5分：在困难和挫折中，不断寻求突破，并获得成功。

7. Open（开放）

1分：能进行必要的工作交流。

2分：通过正确的渠道和流程，准确表达自己的观点；表达批评意见的同时能提出相应建议。

3分：在交流中能认真倾听别人的观点，即使是不同观点，也能抱着"有则改之，无则加勉"的态度虚心听取。

4分：能积极吸取别人好的观点，并能够发表不同意见。

5分：不但积极吸收，同时积极与同事分享正确而且正面的观点。

8. Innovation（创新）

1分：适应工作环境的变化，并付诸行动。

2分：不断改善个人工作方式方法，使个人绩效得以持续提升。

3分：乐于接受变化，并以积极正面的态度参与其中。

4分：能提出与本职工作密切相关的建议，从而提升团队绩效。

5分：创造变化，并带来公司业绩突破性的提高。

9. Focus（专注）

1 分：上班时间只做与工作有关的事情。

2 分：能按时按质完成本职工作。

3 分：能根据轻重缓急来正确安排工作优先级。

4 分：面对变化，能够坚持公司目标。

5 分：懂得必要的取舍，并获得成功。

第二阶段："六脉神剑文化"

● 阿里故事

"独孤九剑文化"被提出后,阿里巴巴用这套企业价值观指导发展,变成了一个 300 多人规模的跨国公司。公司的规模还在壮大,阿里巴巴高层认为"独孤九剑"在未来要推广到数千人甚至数万人,但九条价值观不那么好记,对大范围推广不利。

2004 年,关明生出任首席人力官,负责整个阿里巴巴的人力资源管理工作。他提议把"独孤九剑"做进一步的简化。

于是马云等人把九条价值观精简为六大价值观:客户第一、团队合作、拥抱变化、诚信、激情、敬业。喜欢武侠文化的马云把这六大价值观称为"六脉神剑",并将其视为指导公司一切行为的总原则。

"六脉神剑文化"标志着阿里巴巴的企业价值观更加规范和标准。这次变革很好地适应了企业高速扩张的需要,成功地把统一的价值观复制到了每一个新人身上。即使后来阿里巴巴把企业文化升级为"阿里橙文化","阿里橙"的内核依然是"六脉神剑"。

■ 延伸解读

1. 客户第一

马云戏称客户是真正的衣食父母，股东只能算是娘舅。他要求"最后赢一定是赢在客户上面"。"客户第一"不只是简单的服务意识，更要真正贯彻"帮客户成长"的企业使命。阿里巴巴刚创业时，国内没几个人知道什么是电子商务。于是阿里人耐心指导客户用电子商务赚到了钱，通过客户的成长来实现自身的发展。"客户第一"这把"剑"具体包括以下内容。

◎ 客户是衣食父母。

◎ 无论何种状况，微笑面对客户，始终体现尊重和诚意。

◎ 在坚持原则的基础上，用客户喜欢的方式对待客户。

◎ 站在客户的立场思考问题，最终达到客户的期望。

◎ 平衡好客户需求和公司利益，寻求双赢。

◎ 关注客户需求，提供建议和资讯，帮助客户成长。

2. 团队合作

阿里巴巴的目标是建立无法拷贝的、没有人能挖走的团队。团队成员要教学相长，优势互补，以开放而坦诚的沟通方式进行交流。最重要的是，不要让团队中任何一个人失败，大家共同获得成功。"团队合作"这把"剑"具体包括以下内容。

◎ 共享共担，平凡人做非凡事。

◎ 乐于分享经验和知识，教学相长。

◎ 以开放心态听取他人的意见。

◎ 表达观点时，直言"有"讳。

◎ 在工作中，群策群力，拾遗补阙。
◎ 不是自己分内的工作，也不推诿。
◎ 决策前充分发表意见，决策后坚决执行。
◎ 有主人翁意识，积极参与，促进团队建设。

3. 拥抱变化

"拥抱变化"融合了开放精神和创新精神。阿里人在形势不利时坚持原则，却在形势大好时多次主动改变自己，做出一些让社会各界大跌眼镜的改革。比如，阿里巴巴在2006年、2007年对几位高层管理者进行了大规模换岗。2012年3月，阿里巴巴的22名中高层干部被调整到与此前工作差异较大的新岗位上。外界认为这些折腾会让组织变得动荡不安，凝聚力和战斗力下降。但拥抱变化的阿里巴巴并没有因此停滞，反而随着不断地自我革新而越来越强大。

◎ 适应公司的变化，不抱怨。
◎ 面对变化，理性对待，充分沟通，诚意配合
◎ 对变化产生的困难和挫折，能自我调整，并正面影响和带动同事。
◎ 在工作中有前瞻意识，建立新方法、新思路。
◎ 创造变化，并带来突破性的绩效提高

4. 诚信

阿里人认为，诚信不是一个空洞的口号，而是一个个实实在在的执行细节。商德唯信，做电子商务必须坚持诚信，管理员工也要讲诚信。只顾短期利益而不重视信誉口碑的企业，很难在复杂的商业社会中走太远。"诚信"这把"剑"具体包括以下内容。

◎ 坚持原则，不随意承诺或妥协。

◎ 不传播未经证实的消息，不背后不负责任地议论事和人。

◎ 勇于承认错误，敢于承担责任。

◎ 言行一致，不受利益或压力的影响。

◎ 胸怀坦荡，对事不对人。

◎ 诚实正直，言出必践。

5. 激情

波特·埃里斯曼曾经是最早加入阿里巴巴的美国员工之一。他回忆自己第一次接触阿里巴巴的创业团队时，感受到的是强烈的激情和乐观精神，使他敢于相信阿里巴巴会成功。"激情"这把"剑"具体包括以下内容。

◎ 乐观向上，永不言弃。

◎ 对公司、工作和同事充满热爱。

◎ 以积极的心态面对困难和挫折，不轻易放弃。

◎ 不断自我激励，自我完善，寻求突破。

◎ 不计得失，全身心投入。

◎ 始终以乐观主义的精神影响同事和团队。

6. 敬业

敬业和诚信一样是社会主义核心价值观的重要内容，也是劳动者应有的职业素养。尊重自己的工作，以专业的态度不断提高工作能力，取得更好的成果。这是通往成功大道的不二法门。"敬业"这把"剑"具体包括以下内容。

◎ 专业执着，精益求精。

◎ 今天的事情不推到明天，自己的事情不推给别人。

◎ 专注工作，做正确的事情。

◎ 在工作上以较小的投入获得高效的产出。

◎ 以专业的态度、平常的心态对待每件事。

◎ 持续学习，不断提升，今天的最好表现是明天的最低要求。

▶ 阿里方法论

马云四项基本原则之"永不谋求暴利"

为了谋求暴利，很多企业只是狂热地从市场中捞钱，而不考虑整个市场的长远发展。这种竭泽而渔的做法令不少行业错失发展机遇，整个市场环境混乱不堪。

而阿里巴巴在浮躁的市场中保持了较为清醒的头脑。马云把"永不谋求暴利"写进阿里巴巴的四项基本原则，比起增加利润，他更重视创造社会价值，以整个行业的长远利益为根本，追求公平合理的利润和收入。

这种高瞻远瞩的大局观，让阿里巴巴在国内互联网基础薄弱之时获得了迅猛的发展，挺过了互联网泡沫的危机。如今的阿里巴巴和其他具有社会责任感的国内企业，已经把中国的电子商务生态环境发展得非常成熟，成为全球电子商务的一抹亮色。

第三阶段："阿里橙文化"

● 阿里故事

2008年，时任阿里巴巴集团首席人才官兼人力资源总裁的彭蕾在集团内部发起了"子橙文化"建设。阿里巴巴的企业文化从此进入"阿里橙文化"阶段，一直延续至今。

橙色是阿里巴巴LOGO（商标）的背景色，橙子剖开的截面恰好有几瓣。彭蕾将这次企业文化改革称为"子橙文化"建设，寓意是阿里巴巴每个子公司的企业文化既有自己的个性，又有跟总部相同的内核。

许多公司也在提使命感和价值观，但企业文化建设很容易流于形式，最终企业文化只是墙上的标语，而没有真正深入人心。企业文化是很虚的东西，如果没有行动就不可感知，每个员工也就不知道怎么做。

阿里巴巴做企业文化建设的诀窍是"虚事实做"。从2003年开始就把价值观和绩效考核结合起来。"子橙文化"的内核是阿里巴巴集团的价值观"六脉神剑"，"六脉神剑"的每一条价值观都有明确而具体的行为描述，让每个人都知道自己该做什么、不该做什么。

各个子公司的"子橙文化"不仅拥有"六脉神剑"这个明确的内核，对自身企业文化的每一条价值观也都有非常实在的行为描述。可见"阿里橙文化"已经成为阿里巴巴最有代表性的文化品牌。

为了更好地传承企业文化，阿里巴巴还特别设置了"传橙官"。2019年3月12日植树节，来自阿里集团、蚂蚁金服、菜鸟网络的讲师们聚集在西溪园区，参加了一场主题为"薪火相传·传橙百年"的讲师大会。所有在阿里百年传承平台上授课的阿里集团讲师都被正式授予"传橙官"的荣誉称号。

■ 延伸解读

阿里巴巴的人才培训体系共分"文化、全球化、专业、领导力"四个领域。目前为止，阿里巴巴有1800余位讲师活跃在文化线、专业线、领导力线及全球化线上。2019年植树节，1154名阿里讲师成为公司认证的首批"传橙官"，其中百余位优秀讲师获得了"阿里传橙大奖"。

阿里讲师群体的平均入职时间超过5年，平均年龄为37岁，包括24岁的"95后"技术小哥和62岁的资深前辈。据大数据统计，2018年阿里集团全体"传橙官"用于备课、授课的累计时长为5万小时，相当于5.7个年头。

阿里巴巴合伙人、阿里集团首席人才官童文红表示："2002年开始，阿里就已经开始学习筹建自己的培训管理体系。2019年是阿里要练内功的一年，公司将加大对人才体系的投入，我们的培训不仅要专业、数据化、体系化，也要有阿里味。"她对全体"传橙官"有四点要求。

◎ 做老师，真实比什么都重要。
◎ 不断提炼你的讲课质量和内容。
◎ 一定要道术结合。
◎ 知行合一。

公司对"传橙官"的定位是"专业的领航者，管理的布道者，企业文化的传承者"。阿里巴巴集团组织与人才发展负责人谭亮指出，所有的"传橙官"都是兼职的，在课堂上传授的东西是鲜活的、有生命力的、有业务思考的"干货"。

▶ 阿里方法论

"笑脸文化""武侠文化""倒立文化"

"笑脸文化""武侠文化""倒立文化"是"阿里橙文化"的分支，与"六脉神剑"相互补充，共同构成了阿里巴巴文化价值观体系。这三种富有个性的企业文化给阿里巴巴的员工带来了极大的影响。

"笑脸文化"

尽管阿里巴巴的绩效考核很严格，工作要求很高，但也在努力为员工营造一个愉快的、人性化的工作环境。马云认为，工作不快乐如同浪费生命。员工愁眉苦脸的话，工作效率肯定会下降。阿里巴巴把 LOGO 设计成一张笑脸，就是想提醒大家带着笑容去工作。

"武侠文化"

创立阿里巴巴的"十八罗汉"都喜欢武侠小说，于是在公司内部推广了"武侠文化"。

创立淘宝网的员工们纷纷以金庸的武侠小说角色为昵称，并用小说中的桃花岛、黑木崖等地名来命名公司各部门或场所。

阿里巴巴高层都用武侠人物做自己的花名。比如，马云的花名是"风清扬"，陆兆禧的花名是"铁木真"，邵晓峰的花名是"郭靖"。阿里巴巴内部把核心技术研究项目组称为"达摩院"，集团总部的一个办公室叫"光明顶"。员工把在总部开会戏称为"聚首光明顶"，把淘宝年庆活动称为"武林大会"。

"倒立文化"

淘宝有个奇怪的规矩——新员工在为期一周的培训中要学会倒立。如果没有学会，就再培训一周。淘宝从 2004 年开始每年都要举办一次倒立比赛。

阿里巴巴推行"倒立文化"有三个目的。

◎ 员工能通过倒立锻炼身体，保持良好的工作状态。

◎ 大家要帮助不会倒立的人学会倒立，团队合作精神在培训过程中会自然养成。

◎ 倒立会改变人们看世界的视角，"倒立文化"也是在教导员工学会用不同的思维解决问题。

诚信能创造财富，最终会决定胜负

● 阿里故事

2008 年，阿里巴巴已经有 9000 多名员工。马云在"湖畔学院"给阿里巴巴的管理干部做了一次培训。他要求阿里巴巴的全体员工"做人做事，要光明磊落，讲究诚信"。尽管如此，阿里巴巴还是爆发了一场很大的诚信危机。

2011 年，阿里巴巴高层发现 B2B 平台上存在商家欺诈现象，而且还有内部员工涉嫌勾结无良商家欺骗消费者。时任阿里巴巴企业（B2B）电子商务总裁的卫哲一直在处理此事，努力把作弊商家的比例从 1.1% 降至 0.8%。但他没有追查跟作弊商家沆瀣一气的内部员工。

马云等高层领导者认为这股不诚信的歪风邪气不可姑息，否则会动摇阿里巴巴的立足根本。

于是，马云等人从外地回总部召开紧急会议，决定成立一个调查小组，专门负责彻查此事。当时兼任上市公司独立非执行董事的阿里巴巴上市公司审计委员会主席关明生率领调查小组把阿里巴巴的所有 B2B 团队查了一个遍。

当时阿里巴巴表面上发展势头良好。但彻查结果表明，有一千多个阿里巴巴会员在 2009～2010 年涉嫌诈骗，而公司内部有少数员工为了冲业绩与之合谋欺诈全球买家。为此，阿里巴巴不得不关闭了几个刚运行一年多的海外办事处，时任上市公司 COO（首席运营官）李旭晖与上市公司 CEO（首席执行官）卫哲主动引咎辞职。

"诚信中国"四个巨大的红字至今被摆在阿里巴巴 B2B 的公司围墙边上。而阿里巴巴董事局前副主席、阿里巴巴荣誉合伙人陆兆禧的淘宝办公室里挂着一幅已故武侠小说家金庸的亲笔题字——"宁可淘不到宝，也不可丢诚信。宝可不淘，信不能弃。"

■ 延伸解读

从"独孤九剑"到"六脉神剑"，"诚信"一直是阿里巴巴价值观的一大支柱。当年马云团队创业时，很多人以为他们是骗子。这促使马云等人更加努力地解决电子商务中的诚信问题，竭尽所能地减少欺诈行为，给广大客户一个安全的交易环境。

要想让"天下没有难做的生意"，就必须确保电子商务交易平台的安全性，坚持"客户第一"与"诚信"的原则。否则阿里巴巴的基业将毁于一旦。阿里巴巴在淘宝设置信用等级评估体系，推出支付宝这个划时代的支付工具，都是为了贯彻"诚信"这个价值观。

经过这次教训，阿里巴巴更加重视对员工的诚信化教育。公司设置了为期一个月的专业培训课程，让所有的新员工都到杭州总部接受封闭式培训，直到培训完后才去自己的工作地报到。

2016年中秋节，阿里巴巴集团安全部四名员工和阿里云安全团队的一名员工在秒杀月饼的内部活动中通过编写脚本代码的方式"秒"到了133盒月饼。此事被察觉后，首席风险官刘振飞与阿里云总裁胡晓明找这五名员工进行谈话，马云则亲自批示劝退这五名员工。

这只是一次不影响客户的内部活动，但阿里巴巴高层对诚信问题零容忍。有人认为阿里巴巴小题大做、不够人性化，也有人认为阿里巴巴防微杜渐，做得漂亮。尽管舆论争议很多，但阿里巴巴贯彻诚信的决心由此可见一斑。

▶ 阿里方法论

把诚信作为赖以生存的基础

阿里巴巴允许员工试错和犯错，因为这是创新的代价，不允许试错就不能取得进步。但是阿里巴巴坚决不允许任何触犯商业诚信原则和公司价值观底线的行为。

马云说："这个世界不需要再多一家互联网公司，也不需要再多一家会挣钱的公司；这个世界需要的是一家更加开放、更加透明、更懂分享、更负责任，也更为全球化的公司；这个世界需要的是一家来自社会，服务社会，对未来社会敢于承担责任的公司；这个世界需要的是一种文化、一种精神、一种信念、一种担当。因为只有这些才能让我们在艰苦的创业中走得更远、走得更好、走得更舒坦。"

别看阿里巴巴发展得很大，一旦"诚信"这个基石动摇，很容易就会产生不良的连锁反应。因此，阿里巴巴允许员工出现产品没做好、服务不到位被客户投诉之类的错误，却唯独诚信这条高压线不能碰。

第五章

把握市场格局，力求占领最好的位置

如何在竞争激烈的市场中生存下来，是每个企业都在思考的难题。开辟市场需要眼光、勇气和耐心，三者共同构成了创业者的格局。以大格局把握市场方向，力求在竞争中占领最好的位置，这是阿里巴巴能从无数创业公司中脱颖而出的重要原因。

马云在中国互联网基础设施还很薄弱的时候，就敏锐地捕捉到了电子商务的机遇。他坚信电子商务对未来的中国很重要，对未来的世界很重要。这种清晰的定位让阿里人坚持"以我为主"的发展战略，选择了跟美国不同的电子商务模式，开启了中国的网商时代，在电子商务领域独树一帜。

为什么专注电子商务？

● 阿里故事

马云做"中国黄页"时，第一家被他的团队搬上互联网的企业是望湖宾馆。宾馆经理给了他一份宾馆的中英文简介，马云把简介传到西雅图的工作室做网页。但宾馆经理不想付钱，认为发个消息就要收钱的马云是骗子。结果1995年联合国第四届世界妇女大会在北京召开，很多美国妇女代表就根据那个网页的消息找到了远在杭州的望湖宾馆。

这个经历让马云树立了一个新认识，如果能把中国企业的信息都放到互联网上，一定能产生巨大的能量。当时马云认为互联网一定是未来的发展方向，电子商务是未来的趋势，应该以各种方式服务于中小企业。但他的老板认为电子商务必须服务于国有企业、大企业。由于两人理念分歧严重，马云只好辞职自己创办公司，这才有了阿里巴巴。从成立的第一天起，马云就专注做电子商务，不断围绕电子商务拓展业务。

当时互联网有三个主要板块：新闻媒体类的门户网站、网络游戏和电子商务。在阿里巴巴选择在中国发展前景不明的电子商务时，更多互联网公司发展的是前两种模式。公司里一度有人建议也走这两条路。但马云团队最终还是专注于做电子商务，没有偏离自己的初衷。

■ 延伸解读

相比美国，2000年前后的中国在互联网基础设施上毫无优势。但马云坚信，中国一定能发展好电子商务，而且会比美国发展得更好。

他分析道："为什么中国的电子商务会比美国发展得更好？主要原因是美国的电子商务模式很简单，是个小市场。美国的每家企业都有很好的基础设施，都有自己的网站，但在互联网上很难找得到，所以谷歌帮大家找到他们的网站。而在中国，正因为企业的基础建设很差，所以大家都集中在一起，比如阿里巴巴上集中了几千万家中小企业。另外，中国的销售渠道比较差，所以互联网成了销售、推广渠道之一。"

虽然中国互联网基础设施不佳，但马云从中看到了机遇，可见他洞察力过人。随着中国基础建设的不断完善，阿里巴巴的事业也得到了更强的助力。

据马云透露，阿里巴巴2003年一天能有100万的收入，2004年一天能赚100万的利润，2005年一天能创造100万的税收。当时每天有1000万人在用淘宝，而且越来越多的人在淘宝上购物。电子商务的发展日新月异，专注于电子商务的阿里巴巴也发展得风生水起。

▶ 阿里方法论

免费的往往最贵

我们今天能在互联网上享受很多免费服务。这些都是互联网企业为了聚拢人气、培养用户习惯而采取的营销策略。当用户的使用习惯根深蒂固后，就产生了稳定的需求。接下来，这些商家就会推出各种需要付费的增值服务。这才是他们刚开始推出免费模式的初衷。

早在2005年，马云就对当时流行的免费模式做出点评。他在上海网商论坛上说："今天我到这里来是想告诉大家，无论是什么网站，大家都去用用看，如果有免费的尽量用免费的试试看。我自己也喜欢免费的东西，但免费的往往是最贵的。"

阿里巴巴没有盲目跟风市面上流行的免费模式，而是有所取舍。通过扎扎实实做平台服务来培育电子商务市场。当其他互联网企业开始改变免费模式时，很多用户已经认为免费理所当然了，于是愤而放弃使用原先的产品和服务。阿里巴巴一直采用付费模式，避免了这种客户流失的现象。

看清自己的定位，开启网商时代

● 阿里故事

2004年6月12日，阿里巴巴和中国电子商务协会在杭州西子湖畔联合举办了中国第一届网商大会。大会吸引了500多名网商参加。当时整个淘宝的交易额还不到1亿元。

马云在这次大会上宣布，中国电子商务产业格局即将发生巨变，互联网将从"网民时代"进入"网商时代"。阿里巴巴作为网商的代言人，要把互联网带入"网商时代"，这是公司的使命。

中国互联网一直是电子商务弱、非电子商务强的格局。但从2004年开始，商人的工作和生活方式越来越多地受到电子商务的强烈影响。在马云看来，使用电子商务将会成为人们的一项基本技能。

当时网上购物在中国才刚刚出现，马云就提出了"网商时代"的概念，鼓励人们多多使用电子商务。从2004至2012年，阿里巴巴连续举办了九届网商大会，并在大会上评选"全球十大网商"名单。这既是为了提升阿里巴巴的业绩，也是为了中国互联网经济的长远发展。

马云在网商大会上经常发表惊人之语，但他的很多预言最终都成真了。人们大概不会料到，自己的主要消费场所从线下商店变成了网上商城。更想不到中国的电子商务居然后发先至，比美国的电子商务更有活力。

■ **延伸解读**

在 2000 年前后，中国的互联网用户还没有形成网上购物的习惯，其主要活动是收发邮件、浏览新闻、搜索信息。马云将这个阶段定义为"网民时代"。当时阿里巴巴刚成立，重心在中国香港和美国。

短信、即时通信、网上交友、游戏娱乐大约在 2002 年后成为网民的最爱。很多网络社区也逐渐形成，网民也根据自己的兴趣爱好分化成各种小群体。马云将这个阶段定义为"网友时代"。当时的阿里巴巴正在苦练内功，积蓄力量。赚钱的主要是门户网站和做游戏的公司，可阿里巴巴没有往这个方向发展。

在"网民时代"和"网友时代"，互联网用户大多只是网上消费者。互联网企业的主要利润来源是短信和网络广告。直到 2004 年，运用电子商务做生意的企业家达到了一定规模，互联网才进入了马云说的"网商时代"。

马云很早就瞄准了电子商务，但在阿里巴巴最初的几年中，国内的电子商务市场还没有培育起来。阿里巴巴明确自我定位，顶住各种诱惑，坚持培育电子商务市场。这份专注和执着让阿里巴巴成为"网商时代"的推动者和排头兵。

▶ **阿里方法论**

把事业变成人们生活的重要组成部分

在网商时代崭露头角的时候，马云就预言道："我坚信这世界 20 年以后会有 80% 的生意是在网站上进行的，网下只不过是货运来运去而已。因为 5 年以后再也没有人会跟你谈网上做生意是不是危险，该怎么做，这是非常基本的技能。大家不要觉得可怕，我觉得电子商务一定会成为人类生活中一个最重要的组成部分。"

多年来，阿里巴巴始终秉承这种信念做事，致力于用电子商务改变人们的生活。如今的淘宝、天猫已经成为广大网民消费购物的主要渠道，支付宝在电子支付领域的影响力仅有微信可与之相提并论。

无论时代怎样发展，衣食住行等生活细节都是刚需。阿里巴巴的各种产品和服务已经深深地融入了人们的生活。甚至可以说，这些东西已经成为大多数网民和网商生活中不可或缺的组成部分。假如没有这个清晰的事业定位，阿里巴巴就很难开启属于自己的"网商时代"。

以我为主，选择与美国相反的模式

● 阿里故事

阿里巴巴刚成立的那一年，马云去新加坡参加亚洲电子商务大会。他注意到，这个大会名义上是讨论亚洲的电子商务发展问题，但85%的演讲者来自美国，使用的都是eBay和雅虎等美国企业的案例，甚至90%的听众都是西方人。

那时的马云对电子商务还没有很成熟的想法，但已经意识到了中国和西方国家的国情差异。他当场指出，"今天我们讨论的问题是电子商务，亚洲电子商务。以前的电子商务都是美国的，美国的模式、美国的听众。亚洲是亚洲，中国是中国，美国是美国"。

当时人们觉得马云很狂妄，因为中国的电子商务还处于起步阶段。大多数人认为向发达国家学习是理所当然的，美国模式一定是最好的。马云虽然也积极学习美国电子商务的成功经验，但更加重视中国市场的实际需求。

话虽如此，马云后来一度根据美籍职业经理人的建议，把阿里巴巴的英文网站从中国搬到了美国硅谷。阿里巴巴的核心管理团队也随之赴美。谁知这个决定给阿里巴巴带来了创业以来最严重的危机。

阿里巴巴痛定思痛，制定了重返中国的战略方针，重新探索自己的道路，用跟美国模式相反的模式漂亮地完成了以小搏大的逆袭。

如今中国已经成长为世界第二大经济体，美国依然是世界第一大经济体。两个国家既有密切的经济文化交流，也少不了全球贸易的争端。阿里巴巴开启帮助美国中小企业走进中国的战略，也是为了更好地赢得全球市场竞争。

马云指出："今天中国所处的消费市场的位置在世界上是独一无二的。我希望大家重新审视整个中国的消费市场。只有懂得了中国市场和市场规律，你才有可能做起来。比如，在美国用得好好的东西，到中国来有时候反而不灵了。美国人是花明天的钱，花人家的钱；中国人是花昨天的钱，花自己的钱，两个市场是完全不同的性格。再比如，我发现很多企业，尤其是跨国企业，他们经常给高管加工资，但是中国企业一定要给普通员工加工资，这是倒过来的。"

无论是走进美国市场，还是经营中国市场，我们都要认清两者之间的差异。中国经济发展产生了很多西方现代经济理论未能解释的现象，这并不代表中国经济走错了路，恰恰说明人们对中国经济和中国市场的了解不够。所以，马云呼吁所有人都重新审视整个中国的消费市场，从中找到新的机会。阿里巴巴也一直是这样做的。

■ 延伸解读

在马云看来，如果公司没有规模性盈利，没有持久性盈利，就不叫模式，而叫商业活动。现代市场中有无数种商业模式。有的很成功，有的很失败。成功的商业模式会被无数企业争相模仿，但结果往往不佳。因为成功是多种因素共同作用的结果，只学他人招式而没有他人的功力，很容易画虎不成反类犬。

马云说："看得清的模式不一定是最好的模式，看不出你怎么赚钱的模式说不定最好。因为我看见了这个东西，我太想做一样的东西。……我认为好的东西往往是说不清楚的，说得清楚的往往不是好东西。成功的模式很难被复制，能被复制的都不是好东西，背后的汗水，背后的艰辛，背后的委屈，背后不断寻找这条路的精神是永远无法被复制的。一旦形成模式，这家企业基本上也就到头了。其实，最好、最成功的往往是最简单的，要把简单的东西做好也不容易。阿里巴巴要像阿甘一样。"

阿里巴巴虽然不断吸收别人的成功经验，但更多是自己开创新的道路。不去复制别人的成功模式，而是让别人来模仿阿里巴巴。

▶ 阿里方法论

不要指望一步到位

曾鸣教授总结阿里巴巴团队的创业心得的第一条是"眼高手低"。他说："（公司）早期千万不要追求清晰的战略和商业模式。一切都是混沌初开，不可能有清晰的战略，更不用谈一个复杂完整的商业模式。不要指望一步到位。"

光说宏伟计划是没用的，结果很可能是公司做了两年后才发现做出来的不是想要做的东西。当然，只强调执行力，片面追求快出成果，是另一种极端。只顾着执行而不抬头看路，做了两年后，你可能会发现竞争对手早已跑到你前面了。

曾鸣认为，公司在 0～0.1 阶段时不要追求干净漂亮清楚的战略。因为在这个阶段的公司战略、业务模式和收入模式都需要一个逐步磨合的过程。公司应该先从边缘的软柿子开始捏起，提升实力后再啃更硬的骨头。如果公司一上来就啃硬骨头，很容易被别人当成失败的反面案例。

宁可战死也不能被对手吓死

● 阿里故事

2003 年，阿里巴巴推出了淘宝网。马云对当时的淘宝执行总经理孙彤宇说："3 年内不准备盈利。"在接下来的三年中，淘宝网都是免费给用户使用的。也就是说，阿里巴巴在此期间一直在"烧钱"。

当时阿里巴巴正在跟"eBay 易趣"联盟争夺中国的 C2C 市场。在此之前，eBay 打算收购阿里巴巴，最终没有达成共识。于是这家美国乃至世界最强的电子商务公司又跟发展势头迅猛的中国电子商务公司易趣结为战略合作伙伴，试图把阿里巴巴挤出中国市场。

于是马云团队打造出的淘宝网与"eBay 易趣"联盟竞争。淘宝网在三年中采用免费模式，而易趣使用的是和 eBay 相同的收费模式。刚开始的时候，几乎没人相信阿里巴巴的淘宝能跟树大根深的"eBay 易趣"联盟较量。

那一年的易趣有 950 万注册用户，淘宝网只有大约 400 万注册用户。易趣的成交额达到了 22 亿元，淘宝网才 10 亿元。但到了 2005 年的第一个季度，淘宝网的成交额为 10.2 亿元，易趣却已经下滑到不足 10 亿元。淘宝已经取代易趣成为国内成交额最大的 C2C 网站。

这主要是因为淘宝网的免费策略培养起了一大批新客户。而易趣上也有一些用户为了逃避易趣的成交费，改用当时免费使用的支付宝来付账。

易趣的安付通被抛弃了。久而久之，易趣用户大量"叛逃"到淘宝。"eBay 易趣"联盟最终在中国市场败退，阿里巴巴在本土市场的地位变得不可动摇。

■ 延伸解读

阿里巴巴与 eBay 通过淘宝网和易趣展开的商业竞争，堪称中国电子商务发展史上的经典一战。与 eBay 相比，阿里巴巴的实力明显不足。但马云团队依然坚持与之一战，秘密推出淘宝网，给"eBay 易趣"联盟来了个奇袭。

为了胜利，阿里巴巴不惜让淘宝用户免费使用三年。这个策略虽能吸引用户，但投入的真金白银是得不到回报的。没有足够的魄力和必胜的信念，很容易把自己拖垮。但阿里人宁可战死也不愿被对手吓死，经过周密部署，最终赢得了圆满的胜利。

其实，在淘宝网大把"烧钱"的时候，公司上下并非没有压力，很多人一边积极应战一边忐忑不安。但马云胸有成竹，稳定了军心。阿里巴巴有一句话叫作"相信相信的力量"。马云相信自己一定能胜利，所以面对压力不动如山。

这是一场悬崖边上的狂欢。阿里巴巴自诞生以来一直在拼命，但无论紧迫感多强，阿里人都坚持继续奋战。竞争对手虽强，但阿里人洞悉了对手的弱点，掌握了克敌制胜的策略，这才有了最终翻盘的奇迹。

▶ 阿里方法论

与其做"第一人"，不如做"最好的"

当你想到一个好点子的时候，要明白一件事，最先想到这个点子的人可能不是你，甚至已经有公司在把它变为现实。说不定你调查市场后会惊讶地发现，自己的好点子正是业内领军企业在做的东西。

许多创业者遇到这种情况时就退缩了。他们总是下意识地认为，只有第一个落实创意的人才能获得成功，第二、第三个人的收益会不断递减，跟风者很难超过开创者。放弃这个点子看起来没付出什么代价，但很难说你是不是与自己人生中最大的成功机遇失之交臂了。

阿里巴巴并不太看重先发优势，也不认为有先发优势的对手不可战胜。因为第一个让创意落地的人没有经验可循，同样是在摸索，做出的东西不可能太完善。每个领域的"第一人"往往不是笑到最后的人，笑到最后的人通常是那些把同样的东西做到最好的人。

对于企业来说，没必要害怕"第一人"，只要能成为"最好的"，就能成为赢家。无论是先发优势还是后发优势，其实都没有我们想象中那么重要。最重要的是努力做到最好，比对手做得更好。

商场并非战场，由竞争走向合作

● 阿里故事

阿里巴巴收购了雅虎，又推出淘宝网跟 eBay 在中国市场展开了激烈的角逐。这场不被大多数人看好的商战，最终出人意料地以 eBay 败走麦城告终。

但是，阿里巴巴并没有因此阻止自己旗下的雅虎跟 eBay 合作，反而为两者的合作牵线搭桥。此举令大众摸不着头脑。因为在很多人看来，阿里巴巴和 eBay 应该是水火不容的。

马云解释道："商场不是战场，商场上是对手不是敌人。商场上没有永久的对手，也没有永久的朋友。走向竞争合作的产业才是走向成熟的表现，只有一个成熟的产业才能诞生一批成熟的企业。阿里巴巴有责任推进这样的进程。"

在他看来，企业在商场上最大的同盟军是客户。只要把客户服务好了，企业就会成功，决定企业是否成功的是客户而不是竞争对手。我们不该把注意力全部放在竞争对手身上。

所以，阿里巴巴的员工敢于跟对手大打商战，但并不把竞争者当成仇敌。而是尊重对手，不放弃由竞争关系转为合作关系的机会。这种生存哲学让阿里巴巴的道路越走越宽。

■ **延伸解读**

马云说："这个世界上，每个国家都有很多精英。真正的精英会不断学习，不断适应，不断欣赏新的文化，不断改造自己，而不是改变别人。那么，是东方好还是西方好？我认为东西方都很好，但成功者一定是东西合璧，互为欣赏。带着欣赏和尊重去看的时候你会做得更好，跟对手竞争的时候，你也会越来越强，而带着仇恨的眼光可不行。商业没有竞争多可怕，但是有人把竞争搞得很可怕。"

在他看来，企业在商场上要不断向竞争对手学习，用欣赏的眼光来看待对手。当企业遇到一个强大的对手时，要做的不是跟对方叫板，而是要向他们学习。

阿里巴巴提倡的对策是，不去挑战它，而是去弥补它，做它做不到的，去服务好它，先求生存，再求战略。通过这种方式，阿里巴巴避免了与竞争对手硬碰硬的较量，在竞争与合作中找到了一个比较合适的尺度。

但是我们要注意分辨对方究竟是优秀竞争者，还是流氓竞争者。优秀竞争者永远不会搞个人情绪，凭真本事与我们竞争，不会采用不正当竞争手段。流氓竞争者为了赢得竞争不择手段，不惜做一些违背公序良俗的恶劣行径。

企业跟优秀竞争者在市场中角力，可以激发团队上下的斗志，加快成长的步伐。双方虽然斗智斗勇，但没有私怨，能促进彼此的健康发展，对整个行业的发展也是有利的。当市场形势变化时，我们甚至可以跟优秀竞争者开展合作，结为共赢的盟友。这种情况在阿里巴巴发展史上真实发生过。

流氓竞争者没有关注的价值，应该放弃，不要被这样的企业扰乱我们自己的发展节奏。马云的心得体会是由企业自己选择竞争者，而不让竞争者选择我们。定战略和做业务时不要一味跟着别人出牌，那会让我们陷入被动，迷失在稀里糊涂的对抗中。

▶ 阿里方法论

别把时间都花在竞争对手身上

市场变了，客户需求变了，竞争对手变了，我们自然也要应时变化。有的企业为了更好地适应变化，把大量时间用来追赶竞争对手的新方向。这个看似很合理的应对策略，却被阿里巴巴放弃了。

马云说："中国的很多公司，跑到一半的时候，跟左边的人打几下；再跑几步，又跟右边的人打几下，疲于奔命。我说，要把时间花在客户身上，花在服务上，不要花在竞争对手身上，这是一个创新公司最重要的。只要你今天比昨天好，明天比今天好，你就永远冲在最前面。"

在阿里人看来，与其盯着竞争对手，不如做好自己，不断改善各种细节上的不足之处，专注于提升自我。就像100米短跑运动员一样只看着前方的终点，而不管对手的情况，拼命全力奔跑。这样才不容易被对方打乱发展节奏，更好地执行新的战略目标。

当初占尽先机的eBay在跟阿里巴巴竞争中国市场时败走麦城，在很大程度上就是因为只顾着跟阿里巴巴较劲，而没有真正满足中国客户的需求。

第六章

服务是每个人的工作，把客户放在第一位

　　阿里巴巴是互联网行业"BAT"（百度、阿里巴巴、腾讯）三巨头中的"A"，众所周知的高科技公司。但马云自己不这么看。他在演讲中说："我们从来不把自己定位为高科技公司，不把自己定位成互联网公司，我们把自己定位为一家服务公司。我们的目标是帮助中小企业成长，而不是自己标榜自己。"

　　在这个自我定位的指导下，阿里巴巴把"客户第一、员工第二、股东第三"当成一项基本原则。把麻烦留给自己，为客户提供实实在在的服务，是每个阿里人的工作。阿里巴巴会为客户改变，但不会盲从客户的错误，而是与客户共同成长。

把麻烦留给自己，而不是客户

● 阿里故事

2005年8月，阿里巴巴集团并购了雅虎中国。在宣传阿里巴巴的企业文化时，马云给全体员工讲了一个"大多数客户都是懒人"的理论。按照他的认识，世界上很多发明创造和商业革新都是因为"懒人"的需求。

马云之所以这么说，是因为他自己也是一个"懒人"。开着互联网公司，不懂互联网技术，却又懒得学。他认为80%的人都跟他一样讨厌麻烦，懒得做这做那。如果自己都觉得麻烦，客户一定会觉得麻烦。

2008年6月27日，马云在商务部发表演讲时指出："别人经常说我们是高科技公司，其实在客户面前，越说是高科技公司，客户越怕你。所以，要把客户的麻烦留给自己。把麻烦留给自己，你的麻烦就会越来越少。"

为了不把麻烦留给客户，阿里巴巴的网站和产品长期以来都要通过马云测试才能投入市场。马云要求把东西做得更加简单，让客户拿起来就会使用。因为客户喜欢让自己感到方便的东西。

早期的电子商务还有很多不方便的地方。所以阿里巴巴与中国邮政合作，后来又成立了菜鸟网络，从物流方面降低了电子商务的交易阻力。跟银行合作推出了支付宝，帮客户解决了现金流的瓶颈。阿里巴巴上下尽最大努力把麻烦留给自己，把便利带给客户，所以越来越受欢迎。

■ **延伸解读**

在高科技公司中，技术和服务哪个更重要？多数企业认为技术是第一位的，只要技术好就能盈利。阿里巴巴的全称是"阿里巴巴网络技术有限公司"，技术方面也有很强的研发能力，却坚持把服务放在第一位。

马云说："曾经有人问我，马云，你觉得未来支付宝怎么挣钱以及未来的发展是什么？我说我没有想象怎么挣钱，就是一个要求，我希望支付宝能够让任何一个老太太的权利跟银行董事长的权利是一样的。刚好那一天我隔壁有一个老太太说晚上回家晚了，那天断了电，电费忘了交，老太太大清早起来到银行门口排队缴费。那些大行长、大银行家们叫秘书们去付了钱，我觉得如果手机上按一下，不管是什么长，按一下手机都可以付掉，这个叫新金融。"

这番话体现了阿里巴巴的一贯立场——技术是为人服务的，越方便越好。换言之，要把服务放在第一位。阿里巴巴的六大价值观的第一条就是"客户第一"，正是为了强调这点才设立的。

因为技术人员并不直接跟客户接触，客户对公司的印象来源于客服人员。客服人员的语气、形象和行为对客户有直接影响，几乎决定了客户是否认同公司。

假如公司的产品和服务让客户感到很麻烦，客户就会找其他公司的产品和服务。因此，阿里巴巴从开始建网站的时候，就想方设法地降低客户的使用门槛。无论推出什么新产品，都尽量做得简单、快捷、易操作。

▶ **阿里方法论**

如何为指挥官老虎型客户服务

指挥官老虎型客户是阿里巴巴销售团队总结出来的一种基本客户类型。其特征是强势好胜，雷厉风行，果断干脆，喜欢改变，敢于冒险，尊崇强者，往往是具有决策权的人物，想法非常实际而不爱听空头理论，时间观念非常强。

跟指挥官老虎型客户打交道时，不必按照先联络感情再谈业务的模式来操作，单刀直入的效果最佳。因为他们不喜欢别人浪费自己的时间，也不打算跟你建立良好的私交。在为他们服务时，你一定要简单明了、条理清晰、重点突出，把握好时间和节奏。

在所有的客户类型中，指挥官老虎型客户是最喜欢自己做决定的。他们可能在沟通中非常强势，不太善于倾听，也可能极度沉默、喜怒不形于色。无论怎样，你需要保持镇定，展示自己的专业能力，准备工作必须做足，但不要过度营销。

由于指挥官老虎型客户喜欢做选择，所以我们应该为他们准备三个以内的方案（超过三个会让对方感到时间被浪费）供其选择，并简明扼要地分析各种选项的利与弊。接下来，把决定权交给对方，我们只能通过建议来引导，千万不要替对方决策。

我们只会因为客户的改变而改变

● 阿里故事

阿里巴巴早期推出了一项叫"中国供应商"的服务。"中国供应商"的普通会员会得到阿里巴巴提供的一个网络空间，客户可以在上面发布产品信息及10张图片。阿里巴巴会将其收录在不同的光盘中，通过定期参加一些国外的展会，帮助普通会员提供样品展示、供应商光盘以及买家匹配等服务。

"中国供应商"的高级会员在此基础上还能享受内部信息排名服务。会员可为公司定制8个关键词，为每个产品定制3个关键词。这样就能让买家优先看到高级会员客户的信息了。

除此之外，阿里巴巴还组织了供应商培训、百年会员培训、以商会友培训与会员见面会等培训，帮助客户提高盈利水平和信用等级。

淘宝网面世后，阿里巴巴又开设了"淘宝大讲堂"、淘宝大学，手把手地教卖家怎样在淘宝上开网店、怎样提高浏览率、怎样提高品牌影响力。随着科技的不断创新，阿里巴巴也越来越多地运用智能技术来革新服务模式，以适应客户群体的新变化。

■ 延伸解读

阿里巴巴从成立以来就高度重视服务，一直在根据客户的改变升级自己的服务体系，更好地为客户提供优质服务。

阿里巴巴集团首席客户官（CCO）吴敏芝说："原来商家服务团队约有70%人力在售前，有了'店小蜜'，大量售前咨询改由机器人完成，商家售前客服占比降至30%～40%——人力从重复的工作中解放出来，投入到售后等更需要情感和创造性的工作中，这是人和机器智能的最佳协作。"

按照她的构想，阿里巴巴服务线的发展要立足于阿里体验生态链的全局，把全方位赋能合作伙伴作为永恒的追求。她用"三个圈"来概括这种促进合作伙伴共同发展的服务体系。

第一个圈是基础保障服务。阿里服务线要让商家明白自己在哪些环节做得还不够。

第二个圈是主动和增值服务。也就是针对新老商家需求的差异推出"差异化服务"。

第三个圈是赋能商家。2015年7月24日，阿里为商家研发的智能客服"阿里小蜜"上线。2017年的"双11"期间，"阿里小蜜"已在超20万商家店铺"上岗"。不少商家原来70%的客服人力在售前咨询，自从有了"阿里小蜜"后，客服人力占比降至30%～40%，节约了近10万的客服量。

据吴敏芝透露，阿里服务线希望搭建一个客服平台，帮助每一个商家、企业或组织，瞬间"复制"出一套完整的客户服务体系。这意味着阿里巴巴将通过持续输出技术、经验和服务人才，以驱动整条体验生态链的服务系统升级。

▶ 阿里方法论

如何为社交者孔雀型客户服务

社交者孔雀型客户是阿里巴巴销售团队总结出来的一种基本客户类型。其特征是热衷交际，活泼幽默，喜欢展示自己，交谈时特别爱说关于自己的事情，希望自己能得到称赞，成为人们眼中的焦点。

跟社交者孔雀型客户打交道的过程十分轻松愉快。他们能跟工作人员聊得很欢乐，分享各种各样的趣闻。再微不足道的事情，都能被他们描绘得有声有色。但社交者孔雀型客户的成交率跟沟通愉快程度并不成正比。他们享受跟工作人员打交道的过程，希望销售服务过程充满乐趣，并不喜欢一上来就直达交易目标。所以针对这类客户的销售周期会比较长。

社交者孔雀型客户善于言谈，喜欢新鲜事物且虚荣心比较强。因此，我们在为这类客户提供服务时，要顺从其展示自我的欲望和追求乐趣的心愿。先交朋友，让对方多说话，多展示，多分享，但要当心交流方向不要被他们带跑了。双方聊得兴起的时候，再自然地进入谈业务阶段。

谈业务时要像朋友一样跟他们交流，而不要让他们觉得自己是客户。把服务的重心放在鼓励对方尝试新鲜事物上，而不是价格优惠。由于社交者孔雀型客户不善于决策，有经验的阿里人会选择在适当的时机把话题切换到实际的解决方案上。

客户也有错的时候，不可一味盲从

● 阿里故事

2000 年 11 月，吴敏芝加入阿里巴巴，在号称"中供铁军"的 B2B 业务团队干了十几年，先后担任过区域销售总经理、中国金牌供应商销售部总监副总裁、中国诚信通销售部副总裁、供应商服务部副总裁、国际贸易事业部总经理、阿里巴巴 B2B 事业群总裁等多个职务。2017 年 1 月 13 日，吴敏芝被集团任命为阿里巴巴首席客户官，主抓客服工作。

吴敏芝在 B2B 业务团队中坚决执行"铁军文化"，但在客服团队推行的是"阿里柔军文化"。在她看来，服务不是流水线，服务团队离客户最近，需要懂客户，有情感，提供有体感、有温度的服务。所以阿里客服团队应该是"柔军"。

吴敏芝说："在即将到来的新零售时代，围绕着人、货、场当中所有商业元素的重构，是走向新零售非常重要的标志，而体验与服务是其中重要一环，也是未来商业的核心竞争力。"

阿里巴巴一贯坚持"客户第一"的原则。但客户也不总是正确的，他们有时候并不清楚自己要什么，应该做什么。阿里巴巴的客户大多是中小企业，需要公司在各方面多多赋能，才能在电子商务平台上赚更多的钱。

为此，"阿里柔军"采取了三项措施。

◎ 通过"阿里小蜜"等系列智能（AI）服务产品，改善客户与平台交互时的体验。现在的"阿里小蜜"每天可以协助"小二"们（指阿里客服人员）服务百万级的客户在线咨询，主要是简单的咨询服务。深度的人性化服务则由人工"小二"负责。

◎ 从工具、系统、人才等方面对商家进行全方位赋能，帮助商家提高服务能力，让他们更好地为消费者服务。据吴敏芝透露，阿里服务团队计划推出服务职业认证，培养100万服务人才；同时还将启动"客服云"创新，为云客服、商家、服务机构搭建一条成熟的人才输送通道。

◎ 阿里客服团队必须建设好用户反馈的神经网络，成为前端业务团队的眼睛和耳朵，把自己看到和听到的客户声音传递过来，与前端业务的小伙伴共同打造提升用户体验的服务方案。

■ 延伸解读

为了做好服务工作，阿里客服总结了以下主要工作内容。

1. 用心回复每个询盘

询盘又称询价，指的是买方或卖方为了购买或销售某项商品，向对方询问有关交易条件。所有阿里客服都要积极帮助每一个需要帮助的人，把每一个与你联系的人变成朋友。买卖不成仁义在。你今天帮助了对方，明天很可能就会收获一个大订单和一个高忠诚度客户。

2. 用心写好公司介绍

全体阿里客服都应该在公司介绍中加入创始人的经历、公司发展过程等，用数据与证书证明公司在行业中的竞争优势，让客户相信阿里巴巴的超强实力。

3. 用心经营信息排名

要分时段重发产品信息，为产品选择精确匹配的关键词，并申请诚信通会员。这样可以让产品信息的排名提前。还可以开通网销宝，帮助商家申请黄金展位，获得更多曝光机会。

4. 用心设计旺铺 LOGO

设计一款适合自己产品与旺铺风格的 LOGO，让客户一看到就想在你们的旺铺购买。

5. 用心申请友情链接

多和同行的朋友交换友情链接，既增加订单，又增进友情，实现合作共赢。

6. 用心玩转论坛

在阿里论坛要经常发帖，积极回帖，与同行们做深度沟通。积极参加各种活动，多多结识商友并获得曝光。

7. 用心玩转生意经

生意经是实用的商业问答与百科平台。学习生意经上的精品知识，搜索各种行业问题的答案，向生意经上的高手们提出问题，寻求答案。也可以像专家一样积极回答别人的问题。提升自身水平，扩大人脉，获得口碑，赢得宣传。

8. 用心发布招聘信息

招聘员工信息从侧面证明了阿里巴巴的高速发展。用心发布招聘信息也是一种宣传企业实力的方式。

9. 用心与阿里巴巴双赢

在一切你可以想到的地方，都写上你的旺铺的地址。比如名片、产品说明、公司网站、员工手册等，像经营实体店一样经营旺铺。

▶ 阿里方法论

如何为思考者猫头鹰型客户服务

思考者猫头鹰型客户是阿里巴巴销售团队总结出来的一种基本客户类型。其特征是：头脑精明，极度谨慎，斤斤计较，货比三家，非常重视数据、规则、协议等细节，会不厌其烦地算经济账，务求做出最划算的购买决定。

跟思考者猫头鹰型客户打交道的一个要点是帮他们规避风险。这类客户的规避风险意识是各类客户中最强的。阿里工作人员会为他们提供一些保证书、服务说明书之类的凭证，讲一些其他客户的成功案例，取得其信任。如果风险超出了预期，他们是不会考虑其他因素的。

除此之外，我们还要帮他们算清账。眼前的产品和服务在什么方面符合他们的需求和要求，是思考者猫头鹰型客户最想弄清楚的事。你可以用详细的图文资料辅助说明。他们在思考的过程中可能会把注意力放在一些不重要的细节上，你要设法把他们拉回来，仔细分析产品和服务的价值。

需要注意的是，思考者猫头鹰型客户喜欢独自思考、独立决策，注意力在产品和服务上，最讨厌的是别人催促他们，会想办法延迟决策的时间。换言之，热情过度或者单刀直入的工作人员，使他们唯恐避之不及。

为客户提供实实在在的服务

● 阿里故事

2009年11月11日,天猫商城举办了一次网络促销活动。当时参加活动的商家数量有限,促销力度也不算大,却创造了5200万元销售额。这大大超出了阿里高层的预期。于是,阿里巴巴决定把每年的11月11日定为天猫举办大规模促销活动的固定日期。这便是"双11"购物狂欢节的来源。

从2009年的首届"双11"开始,越来越多的商家和消费者参与了这场以"买买买"为口号的大型网购活动。"双11"因此成为全中国所有商家网上销售冲业绩的最佳时机。每一年的天猫"双11"的销售额都会比前一年大幅度增长。

随着销售额的一次次暴涨,"双11"已经逐渐影响到了国际电子商务行业。日益增长的销售额也给阿里巴巴客服团队带来了不断翻倍的任务量。在2018年的天猫"双11"中,阿里巴巴旗下的淘宝、天猫、口碑、饿了么、盒马、优酷等20多个单位进行了大协同。

首席客户官吴敏芝的CCO直属团队把各个单位的工单打通,但消费者遇到困难却又不知道该找谁解决的时候,CCO直属团队接到问题就能迅速直接找到对应的业务团队去解决。此外,她还共享了知识库,让各个阿里单位的客服都能回答其他单位出现的问题。

通过这一系列措施，客户得到了实实在在的服务。无论在哪个阿里单位的业务平台上，都能得到同样的服务体验。这为"双11"的蓬勃发展创造了良好的条件。

■ 延伸解读

很多企业都喊口号说要把客户服务打造成企业的核心竞争力。但是，这件事做起来并没有那么简单。因为服务体验是一个很难衡量的概念，必须找出其内在的逻辑，才能将其落到实处。

转变对客服的传统认识，是客服升级转型的基础。吴敏芝表示："过去客服在大部分人眼中是成本中心，如果只是为了不出事，那当然是投入越少越好。但阿里巴巴对客服的理解不是起到'兜底'作用，而是要始终做到'客户第一'，把这个理念当作一种膝跳反应，你可以把它看作是一种投资，投入越多回报越大，未来的客服将不再是成本中心，而是盈利中心。"

阿里巴巴把客服视为一个盈利中心，把对客服的投入视为一种投资。吴敏芝认为，新商业下的新服务应遵循TED原则——T是人才（Talent）、E是赋能（Empower）、D是数据（Data）。

因此，阿里巴巴今后将继续投入最好的人才、最大的权利、最好的技术，给服务团队充分赋权，并利用数据化驱动来实现员工和机器智能的最佳协作。

▶ 阿里方法论

如何为协调者无尾熊型客户服务

协调者无尾熊型客户是阿里巴巴销售团队总结出来的一种基本客户类型。其特征是：喜欢稳定而不喜欢风险，关心人际关系，善解人意，能跟大家友好相处，重感情胜于物质利益。注意，这类客户看起来很好打交道，但他们内心的真实想法是：在我没有完全信任你之前是不会购买任何产品和服务的。表面上越和蔼，骨子里越固执。

跟协调者无尾熊型客户打交道的第一法则是取得他们的信任，打消其疑虑。这类客户的处事稳重严谨、内心敏感多疑、思维颇有逻辑性。尽管他们不难沟通，但你不能犯以下几个错误。

◎ 用华丽的话术与之交谈。
◎ 沟通时逼得太紧。
◎ 说话态度盛气凌人。
◎ 只顾自说自话，没认真听他们的顾虑。
◎ 在细节上暴露自己的短板。
◎ 不给他们安静地整理思路的时间。
◎ 表述同一件事时前后矛盾。
◎ 某些行为前后不一致。
◎ 缺乏诚意，内心对他们缺乏尊重。

由于协调者无尾熊型客户不喜欢明确说"不"字，只会用委婉的方式表示拒绝，有些销售员就误以为用死缠烂打的方式能逼他们就范。恰恰相反，他们对自己不熟悉的事物非常谨慎，不会草率做决定。你越是急于成交，他们越容易起疑心。他们在不断通过各种细节来考察你的可信度，如果出现上述错误，你就会失去交易机会。

不过，当你用专业能力和真诚态度打动协调者无尾熊型客户时，他们会把你当成可以信赖的朋友，成为忠诚度最高的客户。即使有其他竞争对手涉足，他们也会优先选择你的产品和服务，一切都是因为信任。

更可贵的是，他们喜欢向亲朋好友介绍自己信得过的产品和服务，为你带来更多的潜在客户。阿里巴巴的销售团队在组织客户互动时，往往是借助协调者无尾熊型客户的力量来完成的。当然，你必须始终如一地真诚为他们服务，才能维护这种良好的长期合作关系。

成立阿里学院，与客户共同成长

● 阿里故事

2004年9月10日是中国第二十个教师节，也是马云的40岁生日。阿里巴巴高调宣布创办中国互联网第一家企业学院——阿里学院，阿里学院的宗旨是为中国培养电子商务实战人才。学院采用现场授课、在线教学、顾问咨询一体化的教学方式，最初由马云等阿里巴巴创始人担任授课讲师，随后有越来越多的集团业务精英参与授课。

2006年1月，阿里学院推出了国内首张实战性电子商务认证证书——"阿里巴巴电子商务"证书。后来又与国内数百所高校联合推广"阿里e学堂"项目，以网校的形式向中小企业推广具有阿里巴巴特色的MBA管理课程。

2008年9月21日，阿里巴巴集团正式成立了阿里巴巴（中国）教育科技有限公司，将阿里学院纳入公司化运作。马云发出豪言壮语，要把阿里巴巴的制度和价值观带出去，把阿里学院变成中国互联网行业的"黄埔军校"。

■ 延伸解读

2005年12月，马云在北京大学中国经济研究中心发表演讲时自称是阿里巴巴的"首席教育官"。他认为阿里巴巴培养的是"中国的土老板"，并把阿里学院的宗旨定位为帮助中小企业和创业者。如果我们看看当时的市场形势，就不得不佩服马云深谋远虑。

阿里巴巴在2003年5月10日创立淘宝网，开始跟eBay争夺中国的C2C市场。阿里学院成立于2004年9月10日，又在三个月后创立了第三方网上支付平台——支付宝。这一系列大手笔当时并不被业内看好。一个很重要的原因就是国内的电子商务人才太少，难以支撑起那么宏大的战略目标。

马云曾经对全体员工说："企业也许不能走102年，但企业的价值观、文化、使命可以走102年，你们愿意也好，不愿意也好，我都要把我脑子里的东西贯彻到你们身上，让它们生根发芽。所以，我们要投资阿里学院，真正把阿里学院建起来。"

号称要做"商场名将的摇篮"的阿里学院，就是为了克服电商人才缺乏的困难而诞生的。通过阿里学院，阿里人手把手教会了很多中小企业主和创业者怎样运用电子商务做生意。这些人都是阿里巴巴的客户，像种子一样在淘宝网上生根发芽。阿里学院兑现了与客户共同成长的诺言，不仅帮客户走向了成功，还有力地带动了阿里巴巴的全面发展。

▶ 阿里方法论

马云四项基本原则之"客户第一，员工第二，股东第三"

马云在阿里巴巴第一次上市时提出了一个让很多股东感到不悦的观点——客户第一，员工第二，股东第三。不少人认为马云愚蠢而疯狂，甚至有投资者质问："股东第三，那你来上市干什么？"但马云坚持在阿里巴巴推行这个理念。

在马云看来，客户给的钱才是阿里巴巴的收入，股东的钱不是收入而是一种信任。阿里巴巴把自己视为一家服务公司。为客户创造价值，为社会做贡献，帮助客户成长，才是公司最根本的生存之道。为了强化服务意识，"六脉神剑"企业文化把"客户第一"列为首条，阿里巴巴全体成员都要秉承这种精神。

员工是实现这些企业宗旨的劳动者，没有员工的付出就没有客户的成长，所以员工第二重要。当然，"员工第二"不等于为了讨好客户可以肆意牺牲员工利益。若是不能厚待员工，就无法赢得员工的真诚拥戴，公司的发展进步就无从谈起了。阿里巴巴提倡快乐地工作，给予奋斗者合理的回报，把成为"全球最佳雇主"当作三大愿景目标之一。

对于阿里巴巴而言，股东的利益只是一个结果，而不是最高目标。阿里巴巴是一家颇有理想主义色彩的企业，自我定位始终是广大中小企业的服务者，企业使命一直是"让天下没有难做的生意"。如果把股东利益放在第一位，阿里巴巴可能会像很多公司那样顶不住赚快钱的诱惑，热衷于"钱生钱"的金融投资活动，而不再专注于电子商务平台建设。

"股东第三"不是说不重视股东，而是要提醒自己，客户是我们的衣食父母，员工是我们的力量之源。没有客户的信赖和支持，没有员工的忠诚和努力，阿里巴巴就无法获得成功，也无法给广大股东带来相应的回报。

第七章

员工是最好的财富，找到每个人的潜力

企业想要发展壮大，人才最为重要。正确的战略、先进的技术、健全的制度、优质客户资源等都是由人创造出来的。只要能找到适合公司的人才，该有的东西迟早会有。

只有把好人力资源管理这一关，企业才能形成稳定的核心竞争力，不至于因缺乏人才而失败。阿里巴巴把员工视为最好的财富。马云甚至说阿里巴巴的第一大产品就是员工。找到最合适的人，再把他们培养成最优秀的人，用合理的激励制度不断挖掘他们的潜力。员工增值了，企业才能增值，各项工作才能取得长足的进步。

公司的第一大产品就是员工

● 阿里故事

　　2001年，从美国败退的阿里巴巴团队重新把开辟中国市场作为总方针。但马云等人没有急于赚钱，而是先勒紧裤腰带把大量资金和精力投入为期三年的人才培养战略。

　　马云说："阿里巴巴要在三年以内培养出一批人才。人是最关键的产品，所以我们要在三年内锻炼我们的队伍。我们盼望着三年内培养出最优秀的互联网员工。当然，我们要耐心，一个企业要成功要靠捕捉机会，但是练内功是最累的，灌输价值观是最累的。"

　　这个人才培养战略中最有代表性的是"百年大计"和"百年阿里"两个培训课。刚刚加入阿里巴巴的关明生是人才培养计划的主持者。在他的安排下，阿里巴巴从2001年4月开始培训主管，然后依次培训中层、高层。培训课程是请专业公司设计的，主要由阿里创始团队授课。

　　以针对销售人员的"百年大计"培训课为例。关明生和马云主讲价值观和未来方向，彭蕾主讲阿里巴巴的历史，李旭晖和孙彤宇讲产品和销售技巧。培训班基本上是一半讲价值观，一半讲销售技巧。

　　当时阿里巴巴在厦门、青岛、深圳、宁波、上海、北京各个办事处的人都到杭州接受一个月的培训，工资800元，包吃包住。2001年10月底，第一届"百年大计"培训班毕业。此后的阿里巴巴发展越来越规范化，员工的能力素质全面提升。公司顺利走出了低潮，重新开始高速发展。

■ 延伸解读

当初阿里巴巴做出错误决策，在很大程度上是因为创始人不懂管理，员工也缺乏培训。招募了不少精英，但没有真正将其整合成能够团队作战的力量。在公司还未赚钱时，阿里巴巴居然敢于投资100万大搞培训，可谓魄力十足。

马云说："我们认为员工是公司最好的财富。有共同价值观和企业文化的员工是最大的财富。今天银行利息是2个百分点，如果把这钱投在员工身上，让他们得到培训，那么员工创造的财富远远不止2个百分点。我们去年在广告上没有花钱，但在培训上花了几百万。我们觉得这将给公司带来最大的回报。"

通过扎扎实实的培训，阿里巴巴从管理粗放的"游击队"进化为纪律严明、能征善战的"正规军"。公司从靠激情创业进入了靠制度运营的阶段。大批技术人员或销售人员出身的干部都学会了现代企业管理。

据"十八罗汉"中的师昱峰（淘宝网创始人之一）回忆，当时公司从外面请了一些专家做培训，把他们这些不懂管理的业务技术尖子培养成了复合型人才，而其他员工也认同了阿里巴巴的价值观。全体员工有能力也有决心执行新的发展战略，这些培训为阿里巴巴带来了新生。

▶ 阿里方法论

阿里巴巴的学生实习标准工作内容

1. 阿里巴巴的基本介绍

（1）播放阿里巴巴最新资料片。

（2）阿里巴巴中文站的整体介绍。

（3）阿里巴巴集团其他产品的初步介绍。

2. 基本网络贸易障碍和疑问的排除

（1）解决企业出现的基础网络贸易障碍，如找不到密码等。

（2）解答企业关于基础网络贸易的疑问，必要时可咨询阿里巴巴客服。

3. 企业商铺的完善

（1）依照服务规范完善企业的公司介绍。

（2）通过商铺的外观设置、橱窗布置等提升企业商铺质量。

（3）更新、完善会员资料和诚信通档案。

4. 商业信息的发布

包括商业信息的新发、重发和优化。

5. 有效的商机管理

（1）管理企业网络商业往来。

（2）主动找买家，通过阿里旺旺洽谈。

（3）通过阿里旺旺接待客户询盘。

6. 基础网站工具的介绍和使用

（1）介绍支付宝，并依据企业实际情况开展网上支付。

（2）介绍竞价，并结合企业实际情况开展竞价活动。

（3）介绍网络安全常识，完善企业的网络安全措施。

（4）社区的使用，包括论坛、博客等。

7. 开展初级的网络营销

（1）用中文站每月不同的活动进行增值营销。

（2）运用网上贸易常识和技巧开展贸易活动。

找到最合适的，再把他变成最优秀的

● 阿里故事

早期的阿里巴巴在用人理念上有过一次很严重的失误。包括马云在内的"十八罗汉"刚开始都认为自己做不好管理，想让公司走上正轨就必须让贤。于是，公司一有钱就满世界招聘顶尖公司出来的职业经理人。

在2000年到2001年之间，阿里巴巴发展到了120人的规模。员工来自世界各地，有着不同的思想、不同的目标，彼此之间的分歧很多。马云后来自嘲说当时的阿里巴巴是"一台拖拉机，装了个波音747的引擎，拖拉机一启动，整个都会完蛋"。

那段时间的阿里巴巴陷入了很大的混乱。招募的人才虽然在理论上是最优秀的，但是实际上并没有真正发挥作用。不同的优秀人才相互抵消了对方的能量，未能做出跟高薪相称的业绩。结果阿里巴巴的美国团队入不敷出，中国团队拼命弥补亏空也无力回天。

最终马云等创始人在商量后不得不进行大规模裁员，辞退了一半员工。很多外籍员工对此怨声载道。马云也总结出一个重要的用人经验——不要招最优秀的人，只招最合适的人。

■ 延伸解读

惨痛的教训彻底转变了阿里巴巴的用人观念。优秀的人才如果跟公司发展需求不匹配，也是有缘无分。阿里巴巴有句口号叫："平凡人做非凡事。"2015年8月，彭蕾在阿里巴巴合伙人团队会议上提议把"平凡人做非凡事"改为"非凡人以平常心做非凡事"，进一步升华了这个人才观念。

阿里人认为自己平凡不等于甘于平凡。而是在强调人要有自知之明，要有团队精神。公司虽会择优录取，但不会找那种自以为是精英的人。

马云说："现在有人把阿里巴巴看得很高深，其实我们的门槛并不高。我们需要的人才：一要讲诚信；二要有学习的能力、好学的精神；三要有拥抱变化的能力；四要乐观上进。具有这方面素质的人，我们都要。"

这四项素质看似简单，但很多能力很强的优秀人才未必样样具备。诚信是道德要求。学习能力、好学精神、拥抱变化的能力决定了一个人的成长潜力。乐观上进的人生态度是一个人的成长动力。

能满足这些要求的人本身就具有很强的可塑性，只要善加引导，就能成长为"参天大树"。阿里巴巴在选人时挑最合适的，以减少磨合成本，提高团队兼容性。在用人时悉心栽培，促进人才的全面发展。如此一来，公司就能获得既合适又优秀的人才了。

▶ 阿里方法论

阿里巴巴对实习生的基本要求

（1）严格保守实习企业商业机密。

（2）上班时间只允许处理公司的业务，非紧急时不允许处理私人事务（电话、邮件或来访等）。

（3）神态自然，面带微笑，对所有人员均用标准礼仪致意，用语文明、礼貌、规范。

（4）遵守公司规章制度，并按照规定标准程序工作或操作。

（5）不在工作和间歇期喝酒或饮用含有酒精的饮料。

（6）为保证在工作中的充沛精力，应该有良好作息规律。

（7）在任何时候，均应诚恳地接受公司领导批评，不得与其发生任何口角和争辩。

（8）服从管理人员的调配，未经领导批准，不得以任何借口中止或擅离工作岗位。

（9）爱护公司的一切财物，不得以任何借口浪费和损害，发生损害要尽快通知上级。

（10）了解紧急情况下自己的职责，当需要帮助时，应尽快通知上级。

（11）与同事相互尊重，主动沟通，并在任何时候、任何场所讲究团结协作精神。

（12）必须保持面容整洁、着装得体，与企业文化氛围保持一致。

（13）必须佩戴阿里巴巴上岗证、着规定制服（如果有）、佩戴员工牌（如果有）上岗。

让所有人才在阿里巴巴增值

● 阿里故事

阿里巴巴是全球女性高管人数较多的企业之一，其中最具传奇色彩的女高管是阿里巴巴集团首席人力官（CPO）、菜鸟网络董事长童文红。她活成了一部励志大片，被媒体誉为"最励志的合伙人"。

2000年，做过7年物资贸易工作的童文红加入刚成立一年的阿里巴巴。她当时已经30多岁，没有专业背景，不懂互联网。公司当时也不做物流，她的能力经验毫无用武之地。所以她在阿里巴巴的第一份工作是做前台接待。

认真细致的工作作风和乐于助人的处事风格让她很快脱颖而出。仅仅过了一年多，当时负责阿里巴巴人事的彭蕾就表示希望童文红去做行政部的主管。童文红并未当场同意，但在经过两天一夜的考虑后接受了这次颇有挑战性的晋升。

在担任行政部主管的几年里，童文红凭借出色的表现打出了名气。阿里巴巴主办的第一届"西湖论剑"和装修创业大厦的工作，都是她负责主持的。阿里巴巴遭遇"非典"时，童文红既要和马云等高层沟通，又要负责联络保安。紧急疏散和安慰人心的工作也多由她负责。

自称"又傻又天真，又猛又持久"的童文红，此后又陆续在阿里巴巴集团的客服、人力资源等部门从事管理工作，最终成为阿里巴巴的首席人力官（CPO）、菜鸟网络董事长。她不仅入围阿里巴巴上市后的合伙人名单，还支持起阿里商业生态系统的物流网络（算是回归了老本行），完成了从前台小妹到亿万富豪的华丽转变。

■ 延伸解读

每个员工进入阿里巴巴后都会经历三个阶段：忘却阶段—困惑阶段—重生阶段。

1. 忘却阶段

在新的工作环境把头脑放空，忘掉自己以前的知识、技能、经验，以空杯心态来学习新知识，适应新环境。

2. 困惑阶段

来到阿里巴巴 1～2 个月时，员工会碰上很多新问题，从而产生困惑。如果不能突破瓶颈，可能就会选择离开公司，或者因不适应而被淘汰。

3. 重生阶段

员工挺过了困惑期后，已经基本适应公司环境，并且找到了做好工作的办法。这标志着他们已经进入重生阶段，融入阿里巴巴。

阿里巴巴根据这三个阶段总结出一套较为完备的培训体系，结合岗位需求为员工设置了三个培训系列课程。

◎ 针对国际网站销售团队新员工设置的"百年大计"系列课程。
◎ 针对国内网站销售团队新员工设置的"百年诚信"系列课程。
◎ 针对非销售岗位新员工设置的"百年阿里"系列课程。

这三个"百年系列"课程都能保证新员工尽快熟悉阿里巴巴三大愿景

目标、四项基本原则、六大核心理念等企业文化价值观，只是在业务技能培训方面各有侧重点。参加这三个系列课程的新员工，会一直培训到两个月后的实习与考试。

公司每周都会对新员工的业绩和价值观进行考察，按照《阿里巴巴的价值观行为准则评分标准》来打分。如果员工不能遵守公司价值观，即使能力和业绩再出色也不会被阿里巴巴录用。

在经过了系统的"百年系列"培训之后，阿里员工另有"师傅带徒弟"的"HR 关怀期"，老员工对新员工进行一对一的"传帮带"，为期三个月。在入职 6 ~ 12 月后，员工有权选择"回炉"接受再培训。

▶ 阿里方法论

阿里巴巴的两套职级体系

在关明生的提议下，阿里巴巴很早就为员工设置了两条晋升渠道。一条是"管理渠道"（management），用英文缩写"M"来代表管理岗位。另一条是"专家渠道"（professional），用英文缩写"P"来代表技术岗位。

这两种职级体系从 2001 年开始实行，代表了两种完全不同的职业生涯发展路线。选择 M 职级体系的员工，晋升渠道依次是 Head（首长）、Manager（经理）、Director（主管）、VP（副总裁）、senior VP（高级副总裁）、CEO（执行总裁）。

选择 P 职级体系的员工，会按照勇士、骑士、侠客、Hero（英雄）、Master（大师）、Chief（首领）的顺序来依次升迁。阿里巴巴的新员工在转正后将获得"勇士"资格，3 ~ 6 个月后视情况升为"骑士"或者"侠客"。如果能继续晋升，将获得 Hero 等级。而 Hero 内部具体划分为 A、B、C 三个等级。经过这三个等级后，才是 Master 和最高级的 Chief。

关明生的考虑是让一些专业技术人才也能在公司晋升，而不是只能通过调到管理岗位才能升职。因为有些专业人才并不擅长管理，赶鸭子上架反而会让他们无所适从，造成人才浪费现象。马云对此感叹道："不要多了一个烂主管，而少了一个好专家。"阿里巴巴通过 M 和 P 两套职级体系为不同类型的人才提供了良好的成长环境，实现了让人才增值的人力资源管理目标。

以"271"制度激发员工潜力

● 阿里故事

　　阿里巴巴集团董事局执行副主席蔡崇信在加入阿里巴巴前是拥有 70 万美元年薪的外资投行高级职业经理人。他刚来的时候和其他创始人一样每月 500 元的工资。他之所以义无反顾地加入阿里巴巴创业团队，是因为欣赏马云的个性和理念。

　　他当时问马云，哪些员工会成为股东。在马云的名单中，办公室里的所有人都是股东。通常创业公司的创始人会抓紧大部分股份，以确保对公司的绝对控制。马云却大胆地把大部分股权都分给了团队，蔡崇信是其中持股比例最高的人。

　　这点让蔡崇信非常感动，他利用自己熟知财务、法律和国际贸易的优势，亲自为阿里巴巴操盘了 3 次极为重要的引资。

　　2000 年，蔡崇信跟马云一同前往日本软银，接受了孙正义的 2000 万美元投资。凭借这笔资金，阿里巴巴顺利度过了互联网泡沫破灭带来的行业"寒冬"。2004 年至 2005 年，蔡崇信为阿里巴巴筹资 8200 万美元，促成了阿里巴巴与雅虎中国的合并。阿里巴巴因此得到了充足的资源来建构淘宝网，从此坐稳了中国第一大电子商务的宝座。

　　阿里巴巴已把股权激励确立为公司的基本方针，在公司工作满五年的员工（俗称"五年陈"）普遍持有阿里巴巴的股票。但马云后来发现，有些员工因为持有淘宝网和支付宝的股票而变得不思进取，出工不出力，等着股票随着公司市值上升而自动升值。马云认为这种人如果不严惩，就对不起新加入阿里巴巴的人，对不起勤奋的员工，对不起信任阿里巴巴的股东。于是阿里巴巴在内部实行"271"制度，要求每个员工都参加每季度、每年的"KPI+价值观"的双重考核，各部负责人按照"271"绩效考核原则来评估所有的员工。

■ 延伸解读

马云说："20%的员工成为企业明星，70%的员工是中坚力量，10%的员工坚决裁撤。那么确定这个划分的准则是什么呢？第一是员工对企业的价值观，第二是员工对身边同事之间的交流沟通力。"

阿里巴巴根据这个原则来制定"271"制度，把员工分为三类：

1. 20%的超出期望的员工

这类员工在业绩和价值观两方面都表现优异，会得到很多升职加薪的机会。他们中既有拿到公司股票的"五年陈"，也有身处高位的管理者。阿里巴巴把希望寄托在这20%的企业明星身上。

2. 70%的符合期望的员工

这类员工的业务能力相对一般，能坚持公司的核心价值观，但贯彻力度不如前一类员工。阿里巴巴中的大多数员工都属于这个档次。他们中不乏有潜力的人，所以公司会通过加强培训等手段来挖掘其潜力，鞭策他们朝企业明星的方向努力，防止他们变成混日子的人。

3. 10%的低于期望的员工

这类员工要么是业绩太差，要么是违背了阿里巴巴的核心价值观。他们有一次"回炉"接受再培训的机会，但不好好把握的话，就会被淘汰出局。

"271"制度的考核采取了员工自我评估与领导打分相结合的模式。当考核成绩在 3 分以上或 0.5 分以下时，评分人必须罗列具体的案例来解释打分的理由，否则考核成绩不能被承认。

领导打完分后要跟相关员工进行沟通，假如员工觉得不公平，可以向集团的人力资源部申诉。人力资源部会核实考评结果是否公平合理。

▶ 阿里方法论

如何对待出错的员工

团队要达成一个目标，必须具备较强的自我纠错能力。当领导者发现团队里有人出现错误的时候该怎么办呢？马云总结了三个常见办法。

◎ 让出错的人继续留在原来的位置上。这样做能减少团队人事的动荡，但很容易让这个人继续给团队制造麻烦。

◎ 重新训练他。这需要领导者负起责任来，多花时间对出错的员工进行强化训练，直到对方成长为止。

◎ 开除他。不再为出错的员工投入训练成本和磨合成本，改由其他称职的人来接替他的工作。

马云指出：如果领导者不果断采取行动，就会导致其他团队成员认为你不在乎他们。其他人都在努力按照领导者设定的方向走，只有这个员工不按照这个方向走，还能活得很滋润，那么今后就没有人再把领导者的要求当回事了。所以，领导者要么重新训练他，要么开掉他，两种办法必选其一，不可拖泥带水，伤其他追随者的心。

第八章

领导力建设，眼光、胸怀、实力缺一不可

　　领导班子的水平决定一个组织发展的上限。任何志向远大的企业，都会高度重视领导力建设，尽可能地打造出一支能攻善守的干部队伍。阿里巴巴要求领导者必须具备眼光、胸怀和实力，三者缺一不可。领导者不需要事事都内行，但必须尊重内行，懂得用欣赏的眼光看人。

　　在阿里巴巴想升职，就得找到能取代自己的人，甚至是超过自己的人。如果不能为团队提供强大的支持，在逆境中不能展示出强大的定力和过人的能力，就不足以成为优秀的领导者。

不同发展阶段需要不同的领导者

● 阿里故事

　　阿里巴巴的创业"十八罗汉"中除了蔡崇信之外，大多来自马云的社交圈。比如，金媛影、周悦虹、蒋芳、韩敏、戴珊是马云当年的学生。此时的阿里巴巴各方面制度还不健全，团队中的大部分人都缺乏管理经验，更多的是靠着梦想和吃苦耐劳的精神来创业。

　　马云为所有人树立了"让天下没有难做的生意"的理想。蔡崇信善于融资，为阿里巴巴的融资立下汗马功劳。其他人也各自发挥能量，让阿里巴巴在短短一年多的时间里就发展成一家跨国公司。

　　当时的阿里巴巴创始人把公司运营交给来自中国香港和美国的职业经理人的打理。公司因战略决策失误而不得不大规模裁员。但"十八罗汉"都下不了这个狠手。大家都面临着两难决策。

　　新加入公司的关明生挺身而出，扮演了这个"恶人"角色。在他的操作下，阿里巴巴裁掉了大量拥有高薪却没有产出效益的员工。关明生还为阿里巴巴引入了很多现代企业管理制度，并和马云等人一起明确了阿里巴巴的企业使命和价值观。

　　阿里巴巴创始人团队大搞培训，苦练内功，所有人都脱胎换骨，成为优秀的管理者。在此后的发展过程中，阿里巴巴的高管们多次对调岗位，尝试着用新思路改进各个团队的发展。其中有成功也有失败。

"十八罗汉"中有些人最终离开了公司，留下来的也并非全部都是阿里合伙人。如今的阿里合伙人中只有马云、蔡崇信、彭蕾等 7 位创始元老。其中，马云和蔡崇信作为永久合伙人。更多的合伙人要么是从阿里普通员工中脱颖而出的佼佼者，要么是从外部引进的财务、法务、技术等领域的顶尖专业人才。

■ 延伸解读

领导层的新陈代谢在企业成长过程中是必然现象。在阿里巴巴发展史中，不同的领导者在不同的发展阶段中发挥了各自的作用。无论他们现在还是不是阿里人，都在公司历史上留下了不可磨灭的一笔。

见证了公司发展全过程的马云对此认识很深。他在 2008 年亲自主持领导层大调整，很多员工感到不理解。马云指出，阿里巴巴在不同时期需要不同的人员，不能老停留在创业时期。新的领导者大量进入公司高层，为阿里巴巴后来的革新贡献巨大。

阿里巴巴合伙人彭翼捷表示："我留下来的原因，阿里有句话叫'让每个人成为更好的自己'。因为公司走到了不同阶段，你面临和要解决的问题都不一样。在这个过程当中，不断有新人加入，他们会给我们带来新的视野，也看到在解决这些问题的时候，一个人或者一个团队，根本不足以解决这么复杂和困难的问题。在不断面对问题，吸收新信息，不断去改变环境的过程当中，我会觉得这是一件特别让自己感觉有意义的事情。"

▶ 阿里方法论

阿里干部培养必修课

为了打造一支能征善战的干部队伍，阿里巴巴设置了"管理三板斧"

必修课培训体系，针对初级、中级和高级管理者分别做 Manager Skill（经理技能）、Manager Development（管理者发展）和 Leadership（领导力）三个层次的管理能力培训。每个层次内部又分为3门课。"管理三板斧"一共有9门必修课。

第一层次：初级管理者的 Manager Skill（经理技能）

阿里巴巴的初级管理者必须学会三件事。

◎ 怎么招聘人、怎么开除人？
◎ 怎么做团队建设？
◎ 怎么拿到工作结果？

第二层次：中级管理者的 Manager Development（管理者发展）

阿里巴巴的高级经理和总监必须学会三件事。

◎ 揪头发——把自己拔高到老板的位子考虑问题，不要只顾自己。
◎ 照镜子——通过观察团队和上下级来观照自己。
◎ 闻味道——观察员工的情绪、氛围，从中找到正面、负面的信息。

第三层次：高级管理者的 Leadership（领导力）

阿里巴巴的高级管理者有必修课和选修课两类培训内容。

◎ 三门必修课：文化、战略和组织能力。
◎ 选修课："开天眼"再落地。

阿里巴巴集团每年都要召开业务战略会、财务会、人才盘点会等三个会。整个集团会在年底时出一个报告，对各个分公司进行三项打分：

◎ 战略落地情况。

◎ 业务今年的结果和财务控制。

◎ 人才的盘点和培养排名。

打分结果的排名会在阿里集团内网上公布，跟创业公司的事业部排名比较类似。每个员工都会看到今年自己在公司的具体排名。通过"管理三板斧"培训体系，阿里巴巴的干部能学到与岗位实际需要最匹配的管理技能。随着能力的提高和岗位的升迁，所有的干部都能及时得到相应的培训，获得在更高岗位上施展才华的能力。

尊重内行，用欣赏的眼光看人

● 阿里故事

在互联网巨头中，非技术出身的马云是个异类。当初阿里巴巴刚开始做网站时，不懂技术的他给技术人员提了一大堆要求。几乎所有的技术员和其他创业团队成员都不赞同他的设计方案，觉得没人会喜欢这么丑陋的非主流风格网站。

马云最后发火了，在长途电话里大吼："你们立刻、现在、马上去做！立刻！现在！马上！"团队成员才很不情愿地接受了他的方案。事实证明，马云的判断是对的。他充分考虑到了当时的阿里巴巴用户是不太会使用电脑的商人，简单到丑陋的网站恰恰最符合他们的需要。

但是马云并没有从此看轻技术人员的作用，反而认真思考怎样更好地配合技术人员。他的结论是：外行可以领导内行，但前提是尊重。

他并不太懂技术，也不会不懂装懂。但他懂管理，懂市场形势和客户需求，而这往往是技术人员的薄弱环节。双方从不同的角度讨论出来的方案，总能给不懂技术的客户带来更好的使用体验。

马云从那以后几乎再没跟技术人员吵过架，而是在指明方向和要求后，让他们自主决定怎么做，做出成果就行。这种对内行的尊重，让不懂技术的马云赢得了内行们的支持。阿里巴巴的事业因此得以蒸蒸日上。

■ **延伸解读**

外行领导内行，可能酿成灾难，也可能获得成功。关键在于不懂行的领导者能否尊重内行，帮助内行专家施展才能。要做到这一点，领导者应当意识到自己的不足和平凡之处，用欣赏的眼光看待他人。

马云说："领导者永远不要跟下属比技能，下面的人肯定比你强；如果下面的人不比你强，说明你请错了人。但第一，你要跟他比眼光。要比他看得远；读万卷书不如行万里路，眼光的高度要在领导的水平线上。第二，要比胸怀。男人的胸怀是冤枉撑大的，你对你的部下、员工、团队要包容。合作不是一天两天的事，如果你是对的，永远有机会去证明。第三，要比实力。你抗击失败的能力比他强。一块砖头掉下来，别人挨一下就倒了。你挨了一下，一点反应都没有，这就是优秀领导的条件。"

有些外行的领导者喜欢逞能，非要内行按照自己的决定来做。他们想一出是一出，只是在拍脑袋决策，侥幸成功后沾沾自喜，若是失败了则迁怒于他人。为了在部下那里找回面子，重新树立威信，他们往往会变本加厉地提出更多的"奇思妙想"，强迫所有人按自己说的做。结果是不断试错，越试越错。

其实，领导者应该有自知之明和自信心。内行的员工毕竟只是在专业技术上突出，未必懂得组织管理。组织管理恰恰是领导者应有的强项。领导者的职责是用对人、做对事，而不是越俎代庖。

我们应该尊重内行，欣赏内行的才能，利用手中的权力为他们调动充分的资源，让他们心无旁骛地为组织施展才华。同时还要注意明确管理的边界，不让内行去涉足他们不懂的东西，自己也注意不要过多干涉内行的工作流程。这样双方两两相便，各自省心，业绩和人际关系都能有所改善。

▶ 阿里方法论

成为有自知之明的领导者

优秀的领导者未必事事内行，但一定会有自知之明。他们知道自己应该在什么方面着力，应该怎样支持自己的部下取得成功，并且能清晰地认识到自身能力的局限，把握好管理的边界。

马云说："不懂就是不懂，我对技术方面不懂，我今天也没有觉得很丢脸。正因为我不懂技术细节，而我的同事们都是世界级的互联网顶尖高手，所以我尊重他们，我很听他们的话。他们说该这样做，我说好，你就这样去做吧。试想一下，如果我很懂技术，我就很可能说：'那样没有这样好。'我会天天跟他吵架，吵技术问题，而没有时间去思考发展问题。"

不懂装懂不是个好习惯。但有些领导者缺乏格局和自信，在自己不懂的领域经常瞎指挥，强迫团队去执行不合理的命令。即使没有出现期望的结果，也不肯承认是自己决策失误，而是把过错推卸给其他人并一再重复拍脑门决策的错误。这种做法固然能满足领导者个人的自我表现欲望，但对团队的长远发展毫无益处。

让团队感受到来自你的强大支持

● 阿里故事

马云决心在中国做电子商务时，国内还没形成今天这么发达的物流体系。但他判断物流是为数不多的"确保一定会成长，而且成倍数增长的行业"，所以一直在寻找机会发展自己的物流。

在 2007 的阿里巴巴战略讨论会上，物流还只是一个讨论的重点，尚未产生成形的想法。2010 年初，阿里巴巴以星晨急便切入物流行业，并提出了"云物流"的概念。但这块试验田未能如愿茁壮成长。

2011 年，淘宝宣布与第三方服务商结盟。星晨急便则在 2012 年 3 月因资金告急而宣布破产，给阿里巴巴带来不少损失。同年 5 月，天猫也宣布与包括邮政在内的九大物流商结盟，但未能有效改变"双 11"时期的订单爆仓问题。

经过种种失败的尝试后，马云痛定思痛，决定亲自上阵支持物流团队发展。2013 年 5 月，马云辞去阿里巴巴集团 CEO 职务，并于 5 月 28 日在深圳宣布阿里和顺丰、申通、圆通、中通、韵达等快递公司共同组建菜鸟网络科技有限公司。

菜鸟网络的董事长由马云亲自担任，首期投资达 1000 亿人民币。在马云的大力推动下，菜鸟网络逐渐走上了正轨，真正为阿里商业生态系统支撑起了物流体系。

■ 延伸解读

马云强调过:"领导者要体现出自己的价值,你要让你的团队感受到来自你的强大支持。绝大部分人对现状都是不满意的,当你真正要改革的时候,提出意见的一定是他们,而且身体力行地支持改革的也一定是他们。"

当阿里团队在物流行业多次受阻时,马云没有知难而退,反倒迎难而上,不惜辞去集团 CEO 职务亲自组建菜鸟网络,为物流团队提供了强大的支持。可以说,没有马云的全力支持,阿里物流团队可能还在试错的路上交学费。

类似的事情在阿里巴巴发展史上屡见不鲜。当阿里巴巴发展出淘宝、支付宝、天猫等子公司时,总部不断调整组织结构,人事调动非常频繁。阿里巴巴也因此被媒体戏称为"最能折腾自己的公司"。

当某个团队或者事业群进展不顺时,阿里巴巴就会通过调岗的方式把擅长该领域的领导者投放过去,重新整顿业务,以求打开局面。从结果来看,阿里巴巴通过这些调整让各个团队获得了强大的支持,从而往往能突破困境,取得进展。

▶ 阿里方法论

领导者要具备眼光、胸怀、实力

大多数互联网巨头都是技术人员出身,马云是个例外。在技术上,他并不是内行,随便一个程序员都比他懂得多;但在管理上,他已经炉火纯青,练成了非同寻常的领导能力。

马云说:"我认为,领导者的眼光、胸怀和实力是最重要的。这些年来,我一直坚持这样的想法。领导者的眼光放不开是不行的,我们跟别人比赛，比的是谁看得更远，谁看得更高。生意越来越难做，眼光看得更远，走得就更远。企业要用各种各样的人，而有能力的人往往都有一点古怪，所以领导者胸中要能容纳千军万马，最怕的是跟员工比谁聪明。"

领导者抓的是大局，没有长远的眼光，手下的员工再能干也徒劳无功。没有胸怀的领导者总想着自己掌控一切，容不下能干的优秀人才，不可能真正做到以奋斗者为本。这种做法会伤害奋斗者的热情，让团队的实力不断下降。

没人能接替你，你永远不会升职

● 阿里故事

2007年，阿里巴巴的各项事业都处于高速扩张状态，各方面都需要有能力的干部。总部不断把"能征善战"的B2B精英投放出去，让他们独当一面。此举有力地促进了新业务的发展，却也导致阿里巴巴最核心的B2B团队出现整体素质下降的情况。

B2B团队新补充的人才跟原先的资深精英相比还存在较大的差距，难以迅速顶住前辈留下的空位。整个B2B团队的效率在下降，而整个阿里巴巴管理层的领导力也在下滑。马云对阿里巴巴英文网站的员工说："这两年，阿里巴巴碰上的最大、最头痛的问题，就是我们管理层的领导力开始严重减弱。但是，我们现在没办法，我们的战线拉得稍微长了一点，大批人进了淘宝、进了支付宝、进了阿里软件，还有大批人在雅虎上花时间，所以我们管理层的整个团队非常薄弱。"

当时的阿里巴巴急需解决整个集团因战线拉得过长而削弱的问题。为了避免管理层领导力继续下降，阿里巴巴董事会下了一道严格的命令："在未来五个月内，集团的B2B人才一律不得向其他外部公司调动，哪怕是把一名普通员工调到外部公司，也必须经过集团CEO批准。"

■ 延伸解读

随着企业的业务拓展,原先集中在一起做事的资深员工必然会分散到各个领域充当火种。但这也不可避免地会降低现有团队的实力。这个阶段的教训让阿里巴巴董事会从此高度重视各级管理岗位的后继人问题,要求各级岗位的干部"一对一"地培养后继人。

按照马云的设想,各级岗位的管理干部即使到外地出差六个月,也能让代理工作的后继人把部门管理得井井有条,这才算得上是会用人、会提拔人的领导。他批评了那些把什么问题都包揽在自己身上的"义气干部"和只会亲力亲为而不懂得栽培员工的"劳模干部",要求各级干部都要"从公司内部找到超过自己的人"。

在阿里巴巴,假如你找不到接替你的人,你将失去继续晋升的机会。只有积极主动地挖掘人才,培养自己的后继人,确保团队不会因为你的离开而陷入混乱,你才能获得更多的晋升机会。

通过这项制度,阿里巴巴的人才梯队建设逐渐变得完善。组织团队传承有序,人才储备越来越雄厚,业绩不会因为人事变动而大幅度下滑。阿里巴巴的发展势头一年比一年猛,但很少再出现各事业群争抢人才资源的窘迫局面。

▶ 阿里方法论

相信边上的人比你聪明

马云说:"一个领导者和经理人的区别是,优秀的领导者善于看到别人的长处,经理人往往只看到别人的短处。永远要相信边上的人比你聪明,一个相信边上的人比你聪明的人,才是真正的智慧者,相信自己比别人聪明,麻烦就会来。"

挖掘员工的潜力是领导者的一大基本职能。你能成为领导者离不开能力、努力和机遇，以及组织的栽培。当你成为领导者后，你就自动成了员工眼中的组织代表。他们都期待着能遇上伯乐，正如你当初被组织发掘一样。而身为领导者的你，也应该履行这个职能，促进组织发展的良性循环。

也许你手下的员工尚未成熟，还有许多需要打磨的地方。但你不能因为自己目前处于优势地位而看不起他们。这种盲目自大的心理只会让你犯错。错失为组织举荐人才的机会、错失展现自己领导力的机会、错失让自己升迁的机会。

为了警醒阿里巴巴的各级领导者，马云特别强调领导者要"相信边上的人比你聪明"。唯有抱着这种开放的心态，我们才能从身边发现有潜力的人才，让公司的各个重要岗位后继有人。

在逆境中展现真正的领导力

● 阿里故事

2007年11月6日，阿里巴巴网络有限公司（阿里巴巴集团旗下B2B业务）正式上市，以13.5港元发行价登陆联交所，开盘涨幅122%，全日涨幅193%，首日收盘股价报39.5港元，市值约260亿美元。这相当于当时百度和腾讯两大互联网巨头的市值之和。

可是到了2008年11月6日，上市一周年的阿里巴巴B2B公司的股价已经跌至4.75港元，并于12月24日跌至4.3港元，不到发行价的1/3。

让阿里巴巴股价跳水的主要原因是2008年的全球金融危机。集团的业绩增长放缓，并且B2B业务因给淘宝、支付宝等兄弟单位输血而降低了自身的实力。面对这个惨败，马云却抱着"塞翁失马，焉知非福"的态度看问题。阿里巴巴一面整顿自己，一面帮助中小企业渡过难关，有力地维护了中国电子商务市场的稳定，为日后的复苏创造了条件。

■ 延伸解读

马云一直认为只能打赢顺风仗的领导者不是真正的能人，只有在逆境中展现的领导力才是真正的领导力。在他看来，领导者在逆境中更要讲究阿里巴巴六大核心理念中的第二条理念——团队精神。

他说:"什么叫团队精神?有两个含义:一是平凡的人做不平凡的事情,二是不让队友失败。阿里巴巴的七家公司中,没有一家公司可以失败。所以我想,协同是指我能为别人做些什么。"

"不让队友失败"是阿里巴巴团队精神的关键。最优秀的团队应该不让团队中的任何一个人失败,不让任何一个队员掉队。领导者要发挥大将作用,帮自己的队员顶住压力,与所有人一起战胜困难。

阿里巴巴也曾经是弱不禁风的小公司,但凭借强大的领导力突破了一个又一个逆境,成长为互联网经济的一张名片。

▶ 阿里方法论

领导者的眼光应该看多远?

马云认为,一个董事会必须有 30 年、50 年的思考,一个 CEO 必须有 5 ~ 10 年的思考,一个副总裁必须有 3 年的思考,总裁以下,一个经理必须对未来一周有思考,一个员工必须对明天有思考。这是一个配套的管理体系。他同时还指出,一名合格的企业家应该关注企业的长期发展,以 20 年为时间轴来看问题。

第九章

大成功靠团队，不要让任何一个队员掉队

一个人的能力再强，若是无人配合，也寸步难行。小成功可以靠个人努力来实现，但大成功必然靠团队合作来完成。但是每个员工的能力、性格、想法、态度都存在差异，组队的结果未必是"1+1 > 2"，还可能是"1+1 < 1"。如何将各种人才有效整合在一起，是团队建设的核心工作。世界上没有完美的人，但可以有完美的团队。阿里巴巴推崇把功劳归于团队的价值观，大家共同进步，不让任何一个队员掉队。为此，阿里巴巴高度重视培养员工的团队精神，并以具有特色鲜明的"铁军文化"和阿里"政委"体系来加强所有团队的建设。

成功必定是团队带来的

● 阿里故事

从创业之初，阿里巴巴就不断经历波折。比如，2003年SARS在全球横行，阿里巴巴也不幸中招。一名员工从"疑似SARS患者"成为"确诊SARS患者"，被隔离的员工从最初的7人猛增到500人。阿里巴巴杭州总部的所有员工都被隔离在家中，只能带设备回家远程办公。

但这次严峻的考验并没有给阿里巴巴带来毁灭性的打击，反而让公司上下更加众志成城。众人白天时在线交流，继续推动工作进展。晚上和周末则在公司内网上举行卡拉OK比赛，相互缓解隔离生活带来的焦虑。

在这段艰苦的日子里，阿里巴巴团队精诚团结、迎难而上、力挽狂澜，不仅安然度过了危机，确保了网站的正常运作，还让网站的浏览量实现了飙升。由于SARS疫情的影响，各地商家被限制流动，以免感染和传染病毒。阿里巴巴的在线交易平台不需要买家和卖家见面就能完成交易，在这种特殊的形势下充分展现了电子商务的优越性。于是越来越多的商家开始意识到电子商务的价值，纷纷进驻阿里巴巴。

■ 延伸解读

阿里巴巴非常重视团队合作精神。在发展过程中，阿里巴巴团队先后遭遇了创业初期资金耗尽、互联网泡沫、淘宝乱象、SARS隔离、重组雅虎中国、2008年世界金融海啸等严峻考验。但把功劳归于团队的组织文化很好地增强了阿里巴巴的凝聚力。

团队中的每个人都不是完美无缺的，都有自己的个性，需要通过合作来取长补短，发挥出更大的效能。但表现出色的领导者和员工在连续的胜利后容易变得骄傲自满，不懂得跟同伴分享成功，也不尊重同伴的劳动成果。

为了避免优秀人才被自我膨胀毁掉前途，阿里巴巴经常使用各种管理工具来诊断组织团队的运营情况，力求让每个员工都能在一个健康的团队中奋斗。

▶ 阿里方法论

组织健康的"六个盒子"

"六个盒子"是阿里巴巴用来诊断组织运行状况是否健康的经典工具。"六个盒子"分别是：

1. 目的和目标

在制定业绩指标时认清背后的目的到底是什么，回答"我们在为谁创造什么价值？"的问题。其实也就是检查战略和业务是否符合企业使命。对于目标的诊断则要从三个方面着手：

◎ 目标是否清晰、是否明确。

◎ 目标上下和左右是否一致。

◎ 团队上下对目标是否感到兴奋。

2. 组织和结构

这个盒子盘点的是人才管理问题和怎样通过分工来实现客户需求。我们在设计制度时要考虑的问题有：

◎ 该怎样创造条件来支撑目标的达成？
◎ 如何安排组织的分工？
◎ 怎样设计组织结构？

3. 关系和流程

诊断的是各部门的合作关系，及时减少内部矛盾，优化工作流程。阿里"政委"为此必须检查以下细节：

◎ 上下游链度是不是通畅？
◎ 彼此是不是协同？
◎ 有没有点可以砍掉？
◎ 有没有遗漏的地方要加进去？

4. 回报和激励

这个盒子诊断的是员工是否朝组织期待的方向走。阿里巴巴倡导"不让雷锋穿补丁衣服上街"的观念，会给做出成果的勤奋员工相应的回报。但这只是"激励"的一个方面，另一方面是对没达到要求的进行处罚。因为回报能提高员工的工作积极性，但不能激发员工的正向行为。只有按照组织的期望来工作，才能得到真正的回报。

5. 支持和帮助

诊断对象是所有支撑主要业务流的辅助部门。随着企业不断发展，阿里的平台越来越复杂，业务也更具有挑战性，需要更多的支持和帮助才能完成任务。但平台复杂化会导致人力资源、财务、法务等方面的支持力度下降。管理者要考察组织的软性支持究竟对日益增长的业务起到了帮助作用还是阻碍作用。

6. 领导和管理

诊断的是各级干部的领导能力和团队管理水平。因为这是保证组织平衡的关键，也决定了组织发展的天花板。特别是 CEO 或董事长，要诊断其是否具备足够的管理能力和领导力来推动组织发展。

"六个盒子"不仅是阿里"政委"用来检查组织运行状况的诊断利器，也是阿里巴巴用来锻炼业务负责人的有力工具。通过评估前三个盒子（目标、结构、流程），业务负责人能清楚地了解当前的业务做得怎样。通过评估后三个盒子（激励、帮助、管理），团队的运营状况也一目了然。当"六个盒子"都达到平衡状态时，也就意味着团队对业务和组织达成了共识。

好团队应该像动物园，而不是养殖场

● 阿里故事

　　阿里巴巴的创业"十八罗汉"里有高校教师、资深媒体人、技术专家，也有年薪百万美元的投资管理专家。每个人出身背景不同，性格也大相径庭。比如同一年出生的马云和蔡崇信从家世、求学经历到个性，几乎样样不同。

　　马云开朗活跃，擅长演讲，是个充满激情的性情中人。而蔡崇信低调安静，寡言随和。然而，两人却成了缔造阿里巴巴集团的最佳拍档。多年来，无论蔡崇信的职务如何变化，在阿里巴巴的威望都不可动摇。全公司的人都知道，只要是财务、投资的事，找 Joe 蔡（蔡崇信）就对了。

　　蔡崇信回忆，自己第一次跟马云见面是在 1999 年，地点在杭州。马云想创建阿里巴巴这个国际进出口平台的抱负和领袖魅力给他留下了深刻的印象。蔡崇信去湖畔花园参观后决定辞去 AB 投资公司年薪 70 万美元的工作，马云当时只能给他一年 600 美元的薪水。

　　蔡崇信不惜跟家人争执也要加入阿里巴巴，是因为觉得这个团队非常有潜力。尽管"十八罗汉"大多缺乏商业经验，但各有所长，也支持马云的梦想。大家抱着相互尊重的态度一起工作，假以时日就是一个"梦之队"。

　　事实证明，他的判断没错，"十八罗汉"不仅奠定了阿里巴巴的基础，后来还从"创始人"转变为"合伙人"。阿里巴巴也因此形成了"只要岗位匹配，用人可以不拘一格"的用人方针，拓宽了公司的选才范围，留下不少慧眼识人的佳话。

■ 延伸解读

马云曾经说："对所有创业者来讲，懂不懂技术不重要，重要的是有激情。不懂技术的人要学会尊重技术，你可以请世界上最懂技术的人来为你工作。直到今天为止，我都搞不清楚什么叫程序。正因为我不懂技术，心里没底儿，所以我请技术最好的人来阿里巴巴，我们合作得非常愉快。"

现代企业的经营管理日益复杂，个人英雄无法摆平所有的事。舆论一直在塑造马云的神话，马云却始终认为自己是平凡的人，自己的团队成员也是平凡人，只不过大家一起在做不平凡的事。

世上没有完美的明星员工，只有完美的团队。任何明星员工都有优缺点，是会犯错误的。过于依赖明星员工个人能力的团队，很难在激烈竞争中走太远。一旦明星员工离开或者犯错，企业的事业也将兴也勃焉，亡也忽焉。

依靠个人英雄征战市场的时代早已结束，只有打造不可拷贝的、挖不走的团队，才能让事业行之久远。为此，阿里巴巴开除过很多不认同企业价值观的人，却又力求把各个团队变成"动物园"，而不是"养殖场"。

▶ 阿里方法论

别把全明星选手放在一个队里

波特·埃里斯曼见证了阿里巴巴团队建设的一次重大失误。他说："早在 2000 年，为了最终完成阿里巴巴国际上市的目标，阿里巴巴组建了堪称'梦之队'的管理人团队，他们中有的来自常青藤学校，有的供职于顶尖跨国企业和咨询公司。他们的简历放在公司招股书上会很好看，但是他们之间的合作并不顺利。每个人都很自我，导致公司迅速偏离航向，濒临破产。后来，阿里巴巴的创始团队接替他们，再次成为公司的管理层。虽然这个团队里没有全明星选手，但他们合作得很好，取得了不俗的成就，如果仅看他们的个人简历是无法想象的。"

当时的阿里巴巴刚成立两年，马云等创始人多数缺乏管理经验。无论是马云还是其他人，都觉得把公司管理交给职业经理人是最好的做法，都不相信自己能够带领公司更上一层楼。于是阿里巴巴高薪聘请各种各样的"全明星选手"组成了一个新的管理团队。

事实证明，阿里巴巴的决定是错误的。每个高级管理者的个人能力都十分出色，但并没有形成真正的合力。这导致阿里巴巴偏离了自己的发展方向，最终不得不将这支"梦之队"替换掉。

完美的团队不一定需要全明星选手，而一群全明星选手也不适合放在同一个队伍里。我们在建设团队时应该注意发挥整体效益，尽可能地让不同的团队成员形成能力互补、性格互补。这样才能让所有人相辅相成，各展所长，释放更多的潜力。

淘汰"野狗"和"小白兔",只留"猎犬"

● 阿里故事

2001年1月,关明生开始担任阿里巴巴的首席运营官。他大刀阔斧地裁减了大部分外籍员工,把企业文化价值观条理化,并提出了新的考核制度。每个人都有一个季度评估和打分卡,其中50%的分数以KPI绩效为标准,50%的分数取决于是否贯彻了阿里巴巴的价值观。

从此以后,阿里巴巴一直奉行KPI绩效和价值观并重的原则。但马云后来察觉到公司逐渐变得偏重KPI,价值观考核往往流于形式。由此造成的结果是,官僚作风和形式主义日益流行,企业文化被大大稀释。

为了改变以纯结果为导向的趋势,马云提出要杀掉"野狗",淘汰"小白兔"。"野狗"型员工的业绩虽好,但不注重公司的价值观,甚至会为了获得更多个人业绩而不惜伤害公司、客户、同伴的利益。"小白兔"型员工在价值观方面表现优异,但拿不出足够的业绩。两者对阿里巴巴的消极影响殊途同归。

阿里巴巴坚持绩效和价值观各占50%的考核方式,无论哪个方面不达标,都会遭到淘汰。阿里巴巴推崇的是"猎犬"型员工,既有实际结果,也能很好地坚持企业价值观。通过淘汰"野狗"和"小白兔",阿里团队保留了大量"猎犬"型员工,为组织的发展提供了必要的人力资源保障。

■ 延伸解读

阿里巴巴在招聘员工的时候，就会用价值观来筛选人。阿里影业首席运营官邓康明曾经表示："（阿里巴巴）招聘新员工时，我们主要看他们本身是否诚信，是否能融入企业，能否接受企业的使命感和价值观。业务问题并不是最重要的。"

阿里巴巴做招聘时往往也不会刻意寻找一个面面俱到的全才，只要有发展潜力，经验不足也行。因为新员工进入公司会得到系统的业务培训，只要肯认真学、努力做，业务能力是可以提高的。只要业务水平达标并且认同企业价值观，无论该员工有哪些缺点，阿里巴巴都将其视为可塑之才。

无论阿里巴巴的管理层如何调整，价值观都是一样的。如果不认同阿里巴巴的价值观，那么进入公司后就会越待越别扭，迟早会萌生去意。既然如此，还不如当初就不招这样的人，免得徒增招聘成本和团队磨合成本。

▶ 阿里方法论

成为务实的理想主义者

众所周知，阿里巴巴是一家充满理想主义色彩的企业。从"十八罗汉"辞职创业的故事到充满武侠风格的文化价值观，无不证明了这一点。但是，光靠理想是不可能生存下去的。阿里巴巴的理想主义之所以能越做越大，恰恰是因为"务实"二字。

马云回忆道："你既要活着，还要为理想奔命，确实比较辛苦。但是我相信，一个真正的理想主义者是务实的。回望过去的15年，我觉得我们公司最主要的财富就是一批有理想主义情怀的员工。"

无论是管理人才、技术人才还是营销人才，阿里巴巴的员工都是务实的理想主义者。他们拥有共同的理想，又有与自身岗位相匹配的务实，能把点点滴滴的细节工作做好。这才是我们应该学习的地方。

开枝散叶的"中供系铁军"

● 阿里故事

马云号称要建设无法拷贝的、没人能挖走的团队。他的信心来自最有"阿里味儿"的阿里巴巴 B2B 国际事业部,即阿里巴巴最早的"中国供应商"项目直销团队。这个团队在业内有个响亮的绰号——"中供铁军"。

阿里巴巴在 2000 年推出了"中国供应商"B2B 服务项目,在永康和杭州设置了两个联络点。"中国供应商"服务项目直销团队最初还不到 10 人,团队成员奋勇拼搏,不辞辛苦地服务客户,故而被马云誉为"中供铁军"。

这是马云最喜爱的阿里团队,因为它对公司的壮大起到了至关重要的作用。阿里巴巴创业"十八罗汉"中的彭蕾、戴珊、蒋芳、金媛影和吴敏芝、余涌、孙利军、方永新、童文红等高层管理人员都出身"中供铁军"。

阿里集团在发展淘宝、支付宝、阿里软件等事业群的时候,都从"中供铁军"抽调人手。如今的阿里集团众多要员都曾经在"中供铁军"任职。

耐人寻味的是,中国互联网行业的很多"CXO"也源于该团队。比如,原安居客、大众点评 COO 吕广渝是阿里"中供铁军"早期的骨干之一,滴滴出行创始人兼 CEO 程维曾经是"中供铁军"中最年轻的区域经理,去哪儿网总裁、旅悦集团 CEO 张强曾经几次获得阿里巴巴全国销售冠军称号。

■ 延伸解读

阿里巴巴集团管理执行委员会委员、阿里巴巴集团资深副总裁、B2B事业群总裁吴敏芝说："'中供铁军'不是一种商业模式，而是一种文化。所以不管遇到什么困难，铁军的精神是永远不会变的。""铁军文化"主要表现在三个方面：

1. 铁的目标

"中供铁军"把完成任务目标视为奋斗者的荣誉。倘若没能完成目标，就算公司不处罚，"中供铁军"成员也会引以为耻，更加努力地把目标拿下来。

2. 铁的纪律

"中供铁军"的成员在职务、收入、地位上有差异，但无论是高层领导还是基层员工，都坚决执行公司的指示。遵守公司的所有规章制度，不做违反阿里巴巴价值观的事。

3. 铁的意志

"中供铁军"从成立之日起，就以敢打硬仗、恶仗闻名于阿里巴巴内部。据说他们最疯狂的时候，一名电销业务员一天要打500通电话，直销铁军的业务员每人每天必须拜访30个客户。

随着阿里巴巴的发展，"中国供应商"项目直销团队不再像过去那样一枝独秀，但"中供铁军"留下的"铁军文化"，依然是阿里巴巴最坚实的文化内核。

▶ 阿里方法论

想升职加薪先做好吃苦的准备

"中供铁军"的"铁军文化"是阿里巴巴企业文化中最顽强、坚韧的部分。马云曾经对员工们说："阿里巴巴公司不承诺任何人加入阿里巴巴会升官发财，因为升官发财、股票这些东西都是你自己努力的结果。但是我会承诺你在我们公司一定会很倒霉，很冤枉，干得好领导还是不喜欢你，这些东西我都能承诺。但是你经历这些后，你出去一定满怀信心，可以自己创业，可以在任何一家公司做好，你会想：'我连阿里巴巴都待过，还怕你这样的公司？'"

在阿里巴巴升职加薪并不是难事，只要遵循公司的企业使命，做出了业绩，就会得到相应的回报。马云之所以这样说，是为了让员工们树立艰苦奋斗的意识，发扬创业"十八罗汉"和"中供铁军"的顽强精神。当一个公司上上下下都养成了艰苦奋斗的作风时，就能焕发出强大的战斗力，能克服更多的困难，创造更多的辉煌。

中国特色HR：阿里巴巴"政委"体系

● 阿里故事

2004年，已经成立五年的阿里巴巴规模迅速壮大，整合了雅虎中国等资源后，跨区域发展已成定局。但由于团队成员结构的复杂化，人才队伍的思想也变得多元混杂，很难再保持统一的价值观和共同的奋斗目标。

同时由于B2B业务的高速发展，阿里巴巴的用人比较紧张，需要另一条有管理经验和信奉企业文化的专业线来辅佐业务部门的经理培养人才，确保团队建设不因管理层级增加而松懈。

此外，阿里巴巴当时已经制定了"做102年的企业"的目标。阿里高层不希望业务经理只满足于完成短期目标，而应该根据公司的三大愿景考虑长远发展。

为此，马云等人受军旅电视剧《历史的天空》和《亮剑》的启发，借鉴了军队里的政工干部体系，在阿里巴巴内部创立了阿里"政委"体系。

1. 阿里"政委"体系的组织结构

阿里"政委"体系是总部垂直管理的机构，不向业务线汇报。其组织结构分为三个层级：

（1）基层："小政委"

"小政委"按照城市区域或事业部来划分。如果是按区域划分，大城市设一个"小政委",小城市之间共用一个"小政委",都与区域经理做搭档。如果是按事业部来划分,部门里设一个"小政委",小部门之间共用一个"小政委",跟部门经理做搭档。

（2）中层："大政委"

"小政委"上一层是"大政委"。"大政委"与大区经理或事业部门的总监做搭档。

（3）高层："总政委"

"大政委"之上是"总政委",即阿里巴巴的人力资源总监。

阿里"政委"和业务经理的关系类似部队的政工干部和军事主官。阿里"政委"在用人、组织文化方面有一票否决权,帮助业务经理工作,并监督业务线的决策。业务经理是业绩导向,更多关注短期目标。阿里"政委"则是文化导向,关注长期目标、文化传承和干部培养。双方相互制衡,以实现短期利益和长远发展的平衡。

2. 阿里"政委"发展简史

（1）种子阶段（1999～2003年）

公司规模：18～500人。

商业模式：B2B。

发展需要：铺设电子商务基础。

（2）萌芽阶段（2003～2009年）

公司规模：1.8万人。

商业模式：B2B、C2C、支付开通。

发展需要：个人消费业务迅速增长。

（3）发展阶段（2009～2013年）

公司规模：2.4万人。

商业模式：B2B、C2C、支付、物流、云全面开花。

发展需要：打造电子商务生态链。

（4）生态阶段（2014年至今）

公司规模：3万人以上。

商业模式：电子商务全覆盖、移动电商、大数据及云计算、健康、文化发展需要（电子商务＆大数据）。

通过组建阿里"政委"体系，阿里巴巴在高速发展的过程中很好地保持了价值观和企业使命，凝聚力没有因为企业规模持续扩张而下降。毫不夸张地说，如果没有阿里"政委"体系，阿里巴巴无法从一个小公司成长为影响全球的商业生态系统。

■ 延伸解读

1. 阿里"政委"的定位

阿里"政委"在组织中要扮演的角色有：

◎ 文化价值观的倡导者。

◎ 人才规划的实施者。

◎ 人才开发的建设者。

◎ 绩效闭环的推动者。

◎ 组织发展的设计者。

◎ 全面激励的落实者。

由此可见，阿里"政委"的职能已经超出了传统的HR和国际流行的HRBP（HR业务合作伙伴）的范围。垂直管理的"政委"线跟业务线形成了全面的协作和制衡关系。

2. 阿里"政委"的能力模型

阿里"政委"的能力模型由三种能力构成，它们分别是：

（1）判断力

判断力指的是准确认识组织团队当前状态的能力。阿里"政委"要提前感知组织的"温度"，观察员工们的工作状态，发现团队中的问题，然后采取相应的预防措施。

（2）运营力

阿里"政委"要懂业务，否则就不能成为业务经理的业务合作伙伴，无法为团队发展提供有效支援。阿里"政委"会在业务方面投入10%～30%的时间，在业务方面起辅助作用，而不会伤害到业务经理的管理经营权。

（3）专业力

阿里"政委"必须精通人力资源管理专业知识，了解招聘、培训、绩效、员工关系、团队建设等知识，这样才能帮助员工成长，为组织提供有用之才。阿里"政委"往往会用50%～60%的时间和员工访谈，像部队政工干部一样了解员工的各种情况，包括家庭情况、业务动态、团队成员之间的状态等。在必要时给出解决方案或提供其他支持。

3. 阿里"政委"年度工作的重要节点

月份	要事
1月	战略共创，明确新一年的战略目标
3月	根据业务规划，调整组织架构，开展业务kick off（项目启动）

（续表）

月份	要事
4月	上年度考核，绩效、激励
5~6月	人才盘点、人才晋升
7~12月	复盘，"双11""双12"重点项目

▶阿里方法论

阿里"政委"工作法

阿里"政委"的工作内容主要分为以下几个方面。

（1）通业务。给员工做培训，陪员工做业务管理场景练习，陪员工拜访客户。

（2）闻味道。用阿里"六个盒子"等管理工具来测评团队运行状况。通过反复观察、反复沟通和业务复盘来看清团队、组织和个人的工作状态。

（3）摸温度。感知团队当前的情况，识别价值观摇摆的人，对其进行耐心教育。

（4）照镜子。对待上级敢于直言，对待平级肝胆相照，对待下级爱"兵"如子，创造一个关系简单、相互信任的团队氛围。

（5）揪头发。弄清你的上级在想什么，了解你上级的上级在想什么，上一个台阶看问题，把影响全局发展的隐患及时揪出来。

（6）搭场子。成为员工与员工之间，员工与主管之间，员工与经理之间，经理与主管之间，主管与主管之间，"政委"与所有人之间的沟通桥梁。作为"政委"，你要欣赏你的业务团队，同时真诚地指出问题。先给鲜花表达敬意，再给拳头点出痛处。

秋收卷

拥抱变化，在形势最好的时候提出问题

昔日只有"十八罗汉"的小团队，早已成为全球电子商务领域的领先商业生态系统。阿里人为公司的一次次丰收感到喜悦和自豪。马云却认为，企业在形势大好时要提出新问题，积极拥抱变化，主动变革自己，增加更多的胜利果实。

第十章

我们以前没有错,但今天不改变就错了

随着企业规模的扩大,组织内部会出现很多新的问题,需要对人事、业务、制度、设备、渠道、市场等环节做进一步的整合,调整生产关系以适应生产力发展的需要。但决策者在企业发展势头蒸蒸日上的时候,往往很难做到居安思危,会沉浸在昨日的成功经验中。

企业家很少有勇气主动"革"自己的"命",在下一个市场风口到来前就早早完成组织革新。阿里巴巴倡导"拥抱变化"的企业文化。变化不在开始衰退之后,而在达到巅峰之时。昨天的长处可能变成今天的短处。企业家不能自以为不会犯错误,而要主动拥抱变化。在这个不断变化的时代,唯有保持这种求变图存的超前意识,才能不断保持企业的领先优势。

不变革自己，阿里巴巴将会消亡

● 阿里故事

当淘宝、支付宝、阿里云等后起之秀逐渐壮大后，原先被誉为"中供铁军"的 B2B 事业部在阿里巴巴集团内部显得有些暮气沉沉。这与原先 B2B 事业部的骨干大量被抽调到淘宝、支付宝、阿里云等单位有很大关系。

阿里集团的"参谋长"曾鸣教授指出，2006 年之后的阿里巴巴实现了第一次战略突破，那时候最舒服，"怎么看都顺，怎么打都对"。但是互联网很快发展到了新的阶段，B2B 的第一波浪潮已经过去，再次进入需要重新摸索的尝试阶段。

整个集团在蓬勃发展，但 B2B 事业部却急需复兴。这个不利局面让公司的很多老员工感到心寒和迷茫。假如这一块最初的业务丢掉了，会对阿里巴巴产生很多不利影响。

马云戏称 B2B 要"在飞行中改造发动机"。创业"十八罗汉"中的元老戴珊被委以重任，她的改革思路是"不变的是过往的荣光，要变的是暮气和必须开放的心态"。

在她的统筹下，B2B 各事业部经历了一轮换帅，从淘宝系、商家事业部甚至总部调来众多精英人才。同时 B2B 还按照集团在 2014 年提出的全球化、农村、大数据云计算三大战略发展。

通过这一系列改革,"中供"改变了发展滞后的局面。2017年初,马云来到"中供"所在地阿里巴巴滨江园区并发表讲话说:"整个阿里的精气神在滨江这一块,没有滨江体系,就不可能有淘宝、支付宝、阿里云。"

■ 延伸解读

任何企业的发展都需要适时变革。引发变革的原因可能是市场风向变化,也可能是技术创新或产品创意,还可能是人员结构变化。无论哪种情况,变则通,不变则亡。

若是不认真解决发展过程中暴露出来的问题,企业就会被积重难返的弊病击垮。基于多年的经验教训,阿里巴巴高层一直抱着不变革自己就会消亡的忧患意识。

在集团内部各个子品牌壮大后,阿里巴巴不断调整全公司的组织结构,以求保持自己内部各项业务的平衡发展,避免原先的业务走向萎缩。也就是说,变革必须遵守整体平衡原则。

因此,马云指出:"我们希望各事业部不局限于自己本身的利益和KPI,而以整体生态系统中'各种群'的健康发展为重,能够对产业或其所在行业产生变革影响;希望真正使我们的生态系统更加市场化、平台化、数据化和物种多样化,最终实现'同一个生态,千万家公司'的良好社会商业生态系统。"

▶ 阿里方法论

马云四项基本原则之"唯一不变的是变化"

当今世界变化速度极快,新生事物层出不穷,市场迭代日新月异。国际形势在变,经济环境在变,技术在变,产业在变,竞争对手在变,企业在发展过程中也充满了变化。无论管理者是否愿意,都要面对不断变化的世界。

阿里巴巴自从创业以来，从未停止过变化。在不断吸收西方先进的管理经验的同时，努力挖掘本土文化资源，发展出了一套独具特色的管理模式。站在"事后诸葛亮"的角度来看，阿里巴巴并非每一次变化都是正确的，也曾经出现过重大错误。

比如，阿里巴巴早期把业务搬到了美国 IT 行业圣地硅谷，试图以更高的起点实现国际化发展。没想到时间、距离及语言差异等因素让公司的中国团队和美国团队的沟通效率极其低下。硅谷办公室的运营成本不断上升，又没有足够的盈利来弥补亏损。最终马云等人不得不第一次进行大规模裁员，并把重返中国市场作为新的战略方针。这次壮士断腕般的变化给马云的团队带来了很多心理创伤，但是挽救了阿里巴巴的命运。

企业家不能说我不犯错误

● 阿里故事

2013年3月31日，IT领袖峰会在深圳正式召开。当时互联网界有不少人认为，国家不改革，企业就很难办大事。还认为欧洲经济危机也会让中国企业的生存环境受到冲击。总之，企业发展不顺都怪外部环境不好。

马云对这种抱怨有不同看法。他在演讲中直言不讳地说这些外部因素跟企业状况没有一点关系，并指出真正阻碍互联网企业发展的问题是管理水平和思想认识滞后。

马云指出："IT发展到今天我们缺技术、思想吗？不缺。今天缺的是把这些东西变成现实。我们今天很多人用着IT的技术、思想，但是管理水平和思想仍旧在上世纪。给了他一个机枪，当棍子使。所以才出现今天这个世界IT做电子商务还在杀价，还是拼价格，不是价值。假如你还停留在上世纪甚至5年、10年前的思想，是不可能再活下去的。"

在马云看来，很多企业家觉得社会充满了问题，所有问题都是别人的问题，跟自己一点关系都没有，其实不然。互联网公司最大的错误就是停在原地不动。领导者不敢在创新中试错，导致管理水平落后，思想认识不到位，制约了公司的进步。

■ 延伸解读

企业家不能认为自己不存在问题，就不会犯错误。如果抱着这种态度来看问题，就是自欺欺人。在探索市场的过程中，再优秀的企业家也难免在尝试新事物时遭遇滑铁卢。犯错不怕，就怕为了面子死不认错，一错再错。

马云说："创新就是让人家付出代价，难道就不允许领导犯点错误吗？我们做 leader（领导）的时候根本不知道未来是怎么样的，只能说是往前走。错了，当领导的要这样，自己打自己两个耳光，鼻血都打出来，然后说'我错了'，要么你再打两下。如果你死扛，这个时候不要说魅力，连基本尊严都没有了。"

对于需要求变、求新的互联网公司而言，四平八稳地不犯错误就是最大的错误。犯错不可怕，关键在于反思总结各种各样的错误，不要再犯同样的错误。企业的发展必须适应当下、立足未来。企业家要让公司的组织、文化和人才与时俱进，积极加强管理，找到把梦想变成现实的正确方法，这样才能让公司不在未来的竞争中铸下难以挽回的大错。

▶ 阿里方法论

错误是用来学习的，不要纠结

马云说："我经常讲一句话，中国电子商务发展得好跟淘宝、阿里集团的关系可能并不大，但是中国电子商务发展得不好，跟我们一定有关系。如果我们不提升自己、不改变自己，我们影响的是未来 10 年、20 年的中国经济。"

阿里人无论取得多么优秀的成绩，都不敢妄自尊大，认为自己不会犯错。公司上下怀着强烈的忧患意识不断地反思自己，及时找出发展过程中的错误。这种优良的作风让阿里巴巴减少了很多错误，即使犯了错误也能及时补救。

但是，不少人对自己要求很高，经常为犯下的错误而懊恼和纠结。这种过度的反思不但无法帮助我们前进，反而会阻碍前进的脚步。错误是用来学习的，而不是用来纠结的。想要成功就免不了会犯错，犯错之后要总结，总结之后要学会向前看，不能被过去的错误束缚住手脚。

不只是适应变化，要拥抱变化

● 阿里故事

淘宝经过多年发展，规模越来越大，体系也越来越复杂。而用户的类型和消费心理也出现了不少新变化。如果想要更好地发展，淘宝必须做出改革，但集团内部对怎样改革有不同的看法。

2011年，阿里巴巴高层围绕淘宝公司的改革问题讨论出多种方案。大家都认为应该改变淘宝的组织结构，但并不是所有人都赞成马云的构想——拆分淘宝。在马云看来，这次拆分淘宝跟阿里巴巴在2001～2002年把B2B拆分成ICBU（国际事业部）和CCBU（国内事业部）是同样道理，都是在落实把大公司化成小公司来做的方针。

马云最终力排众议，把淘宝拆分成三家公司。但他强调："总而言之，不管怎么拆，我们还是亲家。我想告诉大家，三家公司我们敢拆的原因就是我们知道这三家公司骨肉相连，一定会相互配合和完全协同。外面的声音还会很大，外面的风浪还会很大，但是我们坚定自己的信念，继续往前进。"

2011年6月16日，淘宝公司被分拆为三个独立的子公司。它们分别是沿袭原C2C业务的"淘宝网"、平台型B2C电子商务服务商"淘宝商城"与一站式购物搜索引擎"一淘网"。2012年1月11日上午，由原淘宝公司拆分出来的淘宝商城正式宣布更名为"天猫"。

● 延伸解读

"拥抱变化"是阿里巴巴六大核心价值观中非常重要的一条。甚至可以说，它是最有阿里巴巴特色的一条价值观。其他几大价值观在其他公司的企业文化中多有出现，唯独"拥抱变化"这点很少被模仿。

马云说："我个人理解这么多年来阿里巴巴最独特的一点就是拥抱变化。人，特别是既得利益者一定是害怕变化的，其次，很多人只是在适应变化，而阿里巴巴是主动'拥抱变化'。但是变化是很难的，尤其在好的时候要变化更难。不好的时候变也变不好，出现危机了，要找新的 CEO 了，开始寻找救星的，这个时候变不好了。世界上没有多少救星的。要在阳光灿烂的日子里修路，风调雨顺的时候做准备，太阳升起时买雨伞。"

阿里巴巴在成长过程中不断"分家"和重组。论调整组织结构的频繁程度，阿里巴巴高居榜首。

别人都说要"适应变化"，当变化发生后再去适应它。阿里巴巴却是主动"拥抱变化"，甚至在其他人还不觉得该变的时候就已经开始改革。《战国策》中讲："愚者暗于成事，知者见于未萌。"这正是阿里人的追求。

▶ 阿里方法论

拥抱变化是创新和危机感的体现

创新精神人人都说好，但并非人人都真正愿意创新。更多时候，人们更喜欢延续过去的成功经验，路径依赖现象比比皆是。这给创新活动带来了很多限制。阿里巴巴提倡"拥抱变化"是出于对未来变化的危机感。

马云说："'拥抱变化'的学问非常深，因为它是创新的体现，也是一个危机感的体现。……一个没有拥抱变化、创造变化的人是没有危机感的，一个不愿意去创造变化和拥抱变化甚至是变化自己的人，我不相信他有创新。变化是最有可能体现创新的。但遗憾的是，在操作过程中，很多人把它理解成为变化而变化。"

不肯接受变化的人，是不可能有创新精神的。他们即使意识到了形势变化隐藏的危机，也会束手束脚，不敢真正去做实质性的创新，只会在表面上标榜自己有"创新精神"。这种华而不实的做法，会让公司无法真正适应未来的新形势。

我们要感谢这个变化的时代

● 阿里故事

2013年5月10日,"淘宝十周年"晚会在杭州黄龙体育场举行,参与晚会的观众有将近4万人。来自全国各地和美国、英国、印度等国家的阿里人聚集于此,体育场周围数千家酒店被订购一空。

马云在晚会上发表了演讲,正式宣布从此不再担任阿里巴巴集团CEO,由陆兆禧接任。他在演讲中回顾了自己从商14年的感想,提到了创始团队的艰难和永不放弃的执着精神。

他指出:"我们认为,除了我们的梦想之外,唯一不变的就是变化!这是个高速变化的世界,我们的产业在变,我们的环境在变,我们自己在变,我们的对手也在变……我们周围的一切全在变化之中!"

很多人抱怨变化让自己不知所措。马云却认为这个时代变幻莫测是一件好事。他在演讲中呼吁大家感谢这个变化的时代,看清自己有什么、要什么、该放弃什么,改变自己,努力创业,创造更美好的未来。

■ 延伸解读

马云感慨道:"我们是非常幸运的人,我其实在想十年前的今天,是非典在中国最危险的时候,所有人都没有信心,大家不看好未来,阿里人十几个年轻人一起，我们相信十年以后的中国会更好，十年以后，电子商务会在中国受更多人的关注，很多人会用。但我真没想到，十年以后，我们变成了今天这个样子。这十年无数的人为此付出了巨大的代价，为了一个理想，为了一个坚持，走了十年。"

都说创业"十八罗汉"把握住了命运的咽喉。其实当初没多少人看好中国的电子商务。而阿里巴巴刚创立淘宝的时候，外界都认为淘宝会败给财大气粗的 eBay。但互联网时代风云变幻，给中小企业提供了以小博大的机会。而以中小企业为主要客户的阿里巴巴积极拥抱变化，不断从抱怨中找机会，从变化中求生存，硬是把一个个人们认为不可能完成的任务完成了。

阿里巴巴作为时代的弄潮儿，在时代变迁中吃尽了苦头，却也获得了成功。这让阿里人对未来更加充满理想，相信未来的中国会更好，相信年轻人会把这种自信和坚持传承下去，创造新的辉煌。

▶ 阿里方法论

抓住时代和国家的机遇

马云说："我们都是很幸运的一代人，早生 20 年没多大机会，晚生 20 年也没多大机会。其实，你如果真看透了，机会每天都有。我觉得，如果要创业，有无数机会。如果能有一批志同道合的人在一起，抓住一个时代的机遇，抓住一个国家的机遇，真正参与到社会变革中，那将会是一生的幸运。"

阿里巴巴正是秉承着这种积极向上的观念，参与到社会变革中，参与到国家发展中，跟着时代洪流不断前进，而不是一味地替自己找借口。假如一个人的奋斗不能跟历史进程相结合，就很难获得真正的成功。

第十一章

未雨绸缪，在阳光灿烂的日子修屋顶

商市场有风险，人生多起落。想要保持企业长盛不衰，居安思危的忧患意识是不可或缺的。马云认为企业应该在阳光灿烂的日子修屋顶，在风调雨顺的时候做准备。谁也不知道冬天什么时候会突然降临。企业家应该学会判断未来可能出现的灾难，带领团队做好迎接冬天的准备工作。

为此，阿里巴巴在三个方面做了很多努力。一是研究竞争对手，力求明确未来市场的竞争要点。二是坚持为中小企业提供服务，不因扩大业务范围而忘掉不该改变的初心。三是找出互联网缺失的部分，挖掘足以影响未来几十年的新机遇。三管齐下的阿里巴巴顶住了不少寒冬，依然保持着良好的发展状态。

要学会判断未来的灾难

● 阿里故事

马云在 2017 年的中国绿公司年会上发表了演讲，他反复提醒在场的企业家要重视对未来的判断，否则会成为"很倒霉的人"，会成为"网络病夫"。

他说："我觉得做 CEO 主要是两件事，一是看未来的机会，二是看未来的灾难。""绝大部分改革带来的阵痛，大家要有心理准备和容忍度，要扛得住。大宗商品价格一定会往下掉；落后的产业一定会关停并转；以前卖得出去的东西，今天就会卖不出去，这个压力我告诉大家是实实在在的。……没有哪一个企业是能够经得起长久的考验，要想经得起长久的考验，就不断地折腾自己，不要去折腾市场。我们形势不好的时候折腾自己，蛮好的。"

能看到未来的机会并不容易，能预测到未来的灾难更是难上加难。马云说这话的时候，阿里巴巴在 2017 年"中国互联网企业 100 强"榜上排第一名，在 2017 年度"全球 500 强品牌榜"上排第二十三名。

尽管如此成功，但马云的危机意识很强。他判断未来零售行业要学习的不是怎么卖东西，而是怎么服务别人。企业必须把线上线下物流数据结合在一起，打造新型零售体系，才能在今后的市场中不被淘汰。

于是阿里巴巴在 2017 年与百联集团签署战略合作协议，与欧尚零售、润泰集团宣布达成新零售战略合作，在 2018 年与北京居然之家投资控股集团有限公司共同宣布达成新零售战略合作。这一系列举动，让阿里巴巴在新零售时代再次占得先机。

■ 延伸解读

有人觉得，阿里巴巴在如日中天时去做"避免变成网络病夫的准备工作"，是一种没事找事折腾自己的举动。一开始的时候，连阿里巴巴内部的很多员工甚至领导者都对此感到不解。

马云说："转型一定是要代价的，就像拔牙一样，一定会痛。但这个病你不治疗，就会天天痛，虽然不会痛死人，但会搞得人痛不欲生。改革带来的阵痛，大家要有心理准备和容忍度，要扛得住。大宗商品价格一定会往下掉；落后的产业一定会关停并转；以前卖得出去的东西，今天就会卖不出去，这个压力是实实在在的。没有哪一家在顺风顺水的企业是能够经得起长久考验的，要想经得起长久的考验，就要折腾自己，不要去折腾市场。我们强的时候去折腾市场，形势不好的时候折腾自己，蛮好的。"

在强大的时候折腾市场，改变市场的风向，可以帮助企业巩固优势地位。在形势不好的时候折腾自己，通过主动变革机制、组织、文化和团队来实现企业转型，以便在未来的市场环境中占得先机。这是阿里巴巴在屡经挫折后越做越大的重要原因。

▶ 阿里方法论

"没办法"的办法

未雨绸缪说着容易做起来很难。深谋远虑的人很难说服其他人主动根据未来可能发生的灾难早做准备。因为危机还远远没有出现，眼前形势一片大好。领导者觉得OK，员工觉得OK，客户觉得OK，股东觉得OK，投资者也觉得现在一切OK，不需要折腾。

　　阿里巴巴多次主动改革自己，都是在质疑声中做出的决定。马云表示这是因为"没办法"，不趁早准备，公司在未来就会碰上严重的生存危机。他说："你是发自内心觉得要做，不是因为股东要你做，不是市场概念要你做，不是投资者要你做，不是竞争对手在边上做所以你也要做，而是说我不做要'死人'。当然有一点，今天不做，今天就要'死人'的事情，我一般也不想做了，那我宁可'死'掉，做好也要'死'的；但是今天不做，三年后要'死人'，那今天一定要做。"

昨天的长处可能是今天的短处

● 阿里故事

2010年3月，阿里巴巴把中国交易市场的名称更改为"1688"，其旗下的淘宝网则推出了团购网站聚划算。次月，全球速卖通正式投入使用，中国出口企业可以通过全球速卖通来直接与全世界的消费者做买卖。

在这一年里，阿里巴巴还开始执行合伙人制度，收购了两家服务于美国小企业的电子商务解决方案供应商和国内的一站式出口服务供应商—达通，并推出了手机淘宝客户端。这一切都是在为拆分淘宝网做准备。

马云在这一年的网货交易会上第一次提出，物流是制约电子商务发展的最大瓶颈。他说："在电子商务刚开始发展的时候，支付跟不上，现在支付宝发展起来了，物流又遇上了大问题。我们可以预见淘宝一年能做1万亿元，但是做不到4万亿元，主要原因就是物流。"

自从击败eBay之后，淘宝网的发展势头总体上比较顺利，些许波折并没有减缓其发展速度。但马云已经意识到淘宝网的潜力受到物流短板的制约，于是提前做好了一系列运作，为淘宝网的未来早做打算。假如没有这个先见之明，淘宝网可能就不像今天那么繁荣了。

■ **延伸解读**

在马云看来，公司昨天的长处可能成为今天的短处。企业家在阳光灿烂的日子里更要具备未雨绸缪的意识，不要让公司引以为傲的优势变成未来发展的包袱。否则昔日的商界英雄，可能沦为明天的商界笑柄。

他后来给浙江的企业家做演讲时说："未来世界不会建立在规模经济、权势和金钱的基础上，而是建立在知识、智慧和创新的基础上。任何东西有前瞻性才有意义。今天许多企业争取解决的是今天的问题、昨天的问题，而不是考虑如何解决明天的问题。我希望大家能够站在前瞻性这个角度去思考……"

今天的世界一直处于高速变化的状态。十年前的人们根本想不到今天生活的样子。企业存在的意义就是为社会提供更多的产品和服务，满足大众的需求。想要在变化无常的市场中长盛不衰，企业家应该保持非凡的想象力，让自己企业的发展道路更有前瞻性。只有不断突破自己，才能保持强大的核心竞争力。

▶ **阿里方法论**

怎样弥补自己的短板

"一招鲜，吃遍天"的时代早已过去，曾经领先一时的企业也不得不经常面对突然变成落后者的压力。昨天的长处变成了沉重的包袱，挤占了太多资源，严重地阻碍了企业的转型。该怎样突破这个困局呢？

马云说："你一个人干不了，把比你更懂的人请来和你一起干，如果你干不了，跟着那个比你懂的人干也行，这也是机会。而不是每天混日子，每天炫耀自己的技能没有用。所以，我想表达的是，我们公司（阿里巴巴）就是以这样的思考方式坚持了15年，我们依旧希望以这样的思考坚持未来走过几十年、上百年。"

阿里巴巴不是十全十美的，过去存在短板，现在也有不足之处。拥抱变化就是要不断补齐自己的短板。没有懂行的人就请懂行的人来一起干，或者跟着这样的人来干。通过吸收新人才、新技术、新经验，今天的短处就有望被克服，形成新的长处。

失去中小企业的人气，就是死路一条

● 阿里故事

2008年全球爆发金融危机，各国市场走向萧条，以出口贸易为主导的中国中小企业受到猛烈冲击，纷纷倒闭。这些企业难以存活，一方面是因为订单锐减，另一方面是因为融资困难。以中小企业为主要服务对象的阿里巴巴也受到波及。

阿里巴巴表示愿意给中小企业送温暖，启动了一个规模庞大的支援中小企业"过冬"的计划。集团整合了旗下的B2B、淘宝网、支付宝、雅虎口碑网、阿里软件等资源来帮助中小企业寻找订单、做出口与内贸。

除此之外，阿里巴巴还通过自己的教育体系为一部分中小企业提供电子商务培训，同时还直接投资3000万美元在欧美等国推广中国中小企业的信息。

阿里巴巴还把广大企业在阿里平台上的交易记录转化为信用记录，助其解决贷款难问题。阿里巴巴与银行合作，在短短8个月里帮助700多家中小企业获得了累计15亿元"网络贷款"。更令人惊讶的是，阿里巴巴还采取了降低费用让利给中小企业的措施，把45%的利润降低到25%。

经过多方努力，阿里巴巴帮助无数中小企业度过危机，巩固了自己的市场基本盘，也获得了很好的社会声誉。

■ 延伸解读

在自己受到全球金融危机波及的时候还不忘初衷，想着帮助中小企业渡过难关，这就是阿里巴巴的过人之处。因为按照阿里巴巴的逻辑，帮助客户就是帮助自己，成就客户就是成就自己。

阿里巴巴的格局和眼光超过了大多数竞争对手。这次的特别行动看似投入很多，但很好地保护了自己的市场。等到经济复苏之时，挺过难关的中小企业又开始赚钱，阿里巴巴也会获得更多的收入。

阿里巴巴成立的初衷就是"让天下没有难做的生意"，帮助更多人赚到钱。公司确立的创业模式就是紧紧依靠广大中小企业，帮助他们赚钱，帮助他们成长，帮助他们度过寒冬。如果阿里巴巴有朝一日失去了中小企业的人气，那就是死路一条。

▶ 阿里方法论

数据时代靠个性化和创新取胜

每个小企业都有成长为大企业的梦想。但数据时代的发展对传统的企业组织提出了新的挑战。大企业有时候很难跟上快速迭代的市场形势，反而是小企业能"春江水暖鸭先知"，更早对市场变化做出反应。

马云说："中国有无数小企业，美国有无数小企业，非洲有无数的小企业，只要有小企业的地方，我们就有机会。如果没有小企业，我们就把大企业搞小。工业时代靠规模取胜，信息时代、数据时代则是靠创新取胜，靠个性化取胜。"

阿里巴巴把为中小企业服务作为宗旨，最初是为了开辟竞争对手所忽略的蓝海市场。随着时代的发展，小企业不再只是市场中的"小虾米"，反而成为最有活力的创新主体。这使得阿里巴巴的发展战略有了更坚实的根基。

找出互联网缺失的部分，才能活得更好

● 阿里故事

2015年11月，记者提问说看不懂阿里为什么要收购很多看起来跟电子商务关系不大的公司。

马云解释说："16年前（指1999年）很多人也看不懂阿里，现在仍然没看懂。我们的使命是'让天下没有难做的生意'，我们的生态系统，是帮助中小企业在融资上、在寻找客户上、在解决物流问题上，在跨境贸易上有更多的便利。中小企业太多，没法一家一家地帮助，那我们搭建一个生态系统，在这个生态系统里，企业可以找到融资，可以找到客户，可以找到物流，可以公平交易。"

当年在阿里巴巴创建C2C和B2C项目不久后，马云就发现当时的送货速度慢、快递员服务态度差、产品质量得不到保障、缺乏统一的服务规范。而造成这一系列状况的根源在于物流业的滞后。

如果不弥补这些互联网缺失的部分，淘宝网迟早会陷入发展瓶颈，其他自建配送团队的B2C企业很可能趁机超越阿里巴巴。

阿里集团经过精心准备后，推出了"大淘宝"战略计划。"大淘宝"战略计划的核心是发展物流，通过依托集团的C2C、B2C、B2B业务来发展。与其他竞争对手相比，"大淘宝"囊括了阿里巴巴所有业务的潜在需

求，发展空间巨大。这步棋盘活了整个阿里商业生态系统后来的大局。

■ 延伸解读

现在的阿里巴巴已经是个庞然大物，上至未来智能商业产业布局，下至支持乡村脱贫和城镇就业，都能看到阿里人的身影。许多人因此认为互联网经济已经被阿里巴巴和其他互联网巨头垄断，很难再有新的突破。

但马云说："今天如果我重新来过，我一定冲到线下去，以前是大家不相信网络，我冲进了网络，现在大家都觉得网络很重要，我认为线下很好，那边你可以一马平川，真的是这样。这个世界永远不缺机会，大家千万不要觉得今天网络已经很发达了，那是缺乏想象力，未来的三五十年网络为社会和每个人带来机会，而且这种机会是想象力出来的，现在已经进入想象力经济，我也希望大家千万不要觉得活都被马云这帮家伙抢掉了，我们当年也想过，都被比尔·盖茨和巴菲特抢掉了。"

他鼓励人们展开对未来的想象力，不要拘泥于互联网已有的成果，而是要找出互联网缺失的部分。谁能早一步把互联网缺失的部分填补起来，谁就会成为下一个伟大的企业。阿里巴巴一直是按照这个思路开拓事业的，故而屡屡占得市场先机，经常走在对手的前面。

▶ 阿里方法论

为社会提供普惠的技术

我们在10年前还想象不到互联网能给我们的生活带来如此多的便利。许多企业也因此获得了发展良机，从无数创业者中脱颖而出，成为互联网行业中的佼佼者。但是，互联网的更新迭代还远远没有达到尽头，新的变化层出不穷，机遇和隐患并存。

马云在2015年中国绿公司年会上说："互联网企业要想活得久、

活得好，必须把自己变成一个真正普惠的技术，因为互联网本身就是一个普惠的技术。我们在这个情况下，在座所有的企业，如果有一天，你真希望做到配合和协同作战，真正希望变成十年以后依旧能够生存、成长和健康发展的企业，要从组织思考、人才思考和文化思考上面彻底地改变自己。所以我刚才说，不是每家企业都需要转型，但是每家企业都需要升级，而真正的升级，就在于人才的升级、思想的升级、文化的升级。"

阿里巴巴从创立之初，就瞄准了针对创业者和小企业的普惠技术。随着公司的发展壮大，阿里巴巴也拓展了大量新领域，致力于为大众提供更便捷、更快乐的生活。大众需要普惠的技术，只有为社会提供普惠的技术，企业才能在市场中成为常青树。

第十二章

钱只是结果，公司做满 102 年之前不能倒下

不赚钱的企业家外对不起客户，内对不起员工，职业道德是有缺陷的。但是，马云认为企业家不能把赚钱当成第一目标，而应该有更大的格局。赚钱只是一个结果，是对努力的回报，但不是公司最重要的目标。

公司想要保持规模性盈利和持久性盈利的话，就得围绕企业使命来寻找适合自己的商业模式，而不能止步于那些赚快钱的商业活动。大企业要有小作为，不断改善自己的管理细节，向管理要效益。小企业要有大梦想，把眼光放长远一些，按照大格局来办事。阿里巴巴立志要做 102 年的企业，这种清醒的认识让阿里人少走了弯路，即使犯错也能及时调头改正。

钱不是公司追求的目标，只是个结果

● 阿里故事

据公开资料显示，2013 年，阿里巴巴纳税超 70 亿元，是国内纳税最多的互联网公司；2014 年阿里巴巴纳税 109 亿元，成为国内首家纳税超百亿的互联网公司。到 2018 年，阿里巴巴的纳税额达 5 年前的 7.3 倍。

根据阿里巴巴公布的数据，阿里巴巴集团和蚂蚁金服集团在 2018 年总计向国家纳税 516 亿元，同比增长超过 40%。这意味着 2018 年阿里巴巴平均每天纳税超 1.4 亿元。阿里巴巴成立之初曾提出每天要纳税 100 万，现在不仅百倍实现当年的愿望，而且还在逐年高速增长。

这个成绩令马云欣喜，但他把阿里集团的很多钱拿去做更多公益事业。尽管这些公益事业有利于创造社会效益、提高阿里的品牌美誉度，但跟其他手段相比，其经济效益很难变现。

马云这样做是为了回馈社会。他说："当你有几百万元的时候，你是个富翁；当你有几千万元的时候，这些就是资本；而当你有上亿元财富时，它就成了社会资源。这些钱仅仅是社会交给你去经营和管理，而且我也觉得我根本花不完这么多钱。"

■ 延伸解读

阿里巴巴很早就提出一个口号——帮助更多的人赚到钱。既讲经济效益，又创造社会价值，认真践行国家倡导的以先富带后富的国策。

马云说："事实上花钱是门大学问，我们绝大部分的人，特别是像我们这样的人，我们都不知道该怎么花钱，这个钱不是花在自己身上，这个钱要花在未来，花在孩子，花在社会和年轻人身上，我们这些企业家只会想办法积累。"

如今的阿里巴巴已经是个大企业，也跟不少大企业开展合作，但依然把中小客户、创业者和消费者视为立足之本。积极花钱组织各种公益活动，拉动消费内需，促进相关行业的发展，把经济民生的蛋糕做得更大。这是阿里巴巴的高明之处。

▶ 阿里方法论

马云四项基本原则之"永远不把赚钱作为第一目的"

马云在内部讲话时多次强调"永远不把赚钱作为第一目标"。他反对的不是赚钱，而是凡事以赚钱为第一位的经营策略。他打了个比方，有些人看见了10只兔子，一下抓这只兔子，一下抓那只兔子，最后可能一只都得不到。

在马云看来，赚钱只是努力的结果，而不是最终的目标。阿里巴巴必须把为企业服务、为商人服务作为立身之本，不要为投资者而建网站，也不要为媒体和网络评论家们的批评而改变自己的道路。

当市场上流行ASP（应用服务提供商）的时候，阿里巴巴依然坚持只做B2B。并非忽视机会，而是机会太多，只能抓一个。于是，阿里巴巴拒绝了其他机会的诱惑，踏踏实实地专注于做电子商务，并以此为中心不断扩张自己的商业生态系统。

没有细节赢不了，但别输在格局上

● 阿里故事

2015年3月6日，阿里巴巴集团对旗下淘宝、天猫、聚划算进行统一规划管理，整合为"阿里巴巴中国零售平台"。

2015年4月23日，阿里巴巴集团在北京国家体育馆举行在京员工大会。全球各地的阿里系高管团队悉数参与。马云在这次大会上宣布，阿里集团在2009年设定的目标正式更新，将"服务10亿消费者"改成"服务20亿消费者"。

此时的阿里集团已经十分庞大，共有25个事业部门，光是北京地区就有15个事业部门。马云还透露了当时正在筹建的七大业务版块：阿里系的电子商务服务、蚂蚁金融服务、菜鸟物流服务、大数据云计算服务、广告服务、跨境贸易服务、互联网服务。

在此之后，阿里巴巴集团又经过多次业务调整，变阵为以"三纵两横"的网状协同体系加若干独立事业部的全新架构。

"三纵"指的是以"快速消费品事业组"（包括天猫超市、美妆洗护、食品母婴、天猫生鲜等业务）、"电器家装事业组"（包括电器城、天猫美家等业务）、"服装服饰事业组"（包括男女装、箱包鞋帽、内衣配饰、珠宝首饰等业务）为核心，为商家提供一站式的商业互联网化解决方案。

"两横"中的一个是天猫市场部、聚划算整合为"营销平台事业部"，为商家提供品效合一的全域营销服务。另一个是新设立的"运营中心"，统筹天猫平台层面的商家管理、会员管理、规则管理和资源管理，全面提升商家在前中后台的运营效能。

■ 延伸解读

没有细节赢不了，但阿里巴巴不光重视细节，还讲究格局。公司的发展一直以"让天下没有难做的生意"的宏大理想为指导思想，一切细节都围绕着这个宗旨展开。阿里巴巴的每一步发展，都建立在大格局的框架下。

从上述业务事业部门来看，阿里巴巴几乎覆盖了大部分消费领域，市场划分越来越细。公司成立多个事业部，正是为了从细节上更好地把握细分市场，做好精准营销。这些事业部各自独立运营，却又处于同一个商业文明体系下。

当初马云在拆分淘宝时说："我们这次是战术调整，建立新的商业文明、建立整个中国电子商务基础设施和开放、繁荣的生态系统的战略没有变，我们只是从组织上进行调整，所以它们是独立的三家子公司。"

在组建其他事业部的时候，阿里巴巴依然坚持这个理念，打造一个开放、繁荣的生态系统，以承载无数个企业共同发展。在大格局的基础上完善细节，不过分沉溺于细节而失去格局。这就是阿里巴巴的魄力与管理智慧。

▶ 阿里方法论

细节就是点点滴滴的落实

阿里巴巴推崇的大格局，要求人们立足未来的长远发展，致力于改善互联网时代的大众生活。遗憾的是，不少人把大格局等同于只做能一举改变社会的大项目，好像不做大项目就变成了小家子气似的。

马云不赞同这种观点。他指出："淘宝里的每个人都想做大项目，我们的奖励假如都是以完成了一个大项目来定，那我们完了。其实我认为聚划算也好，在做的很多商品也好，是因为细节，包括策划、想法，才得以点点滴滴地落实。但是有完善的空间吗？一定有，这世界的体验完全就是一个细节，体验就是微小的。"

赢在细节不是一句空话，而是阿里巴巴多年来一直践行的观念。阿里巴巴铺开的电子商务体系很大，但这恰恰是通过不断改进各种细节才实现的。不断地改进客户的细节体验，为此付出比竞争对手更多的努力，这才有了包括淘宝网在内的整个阿里巴巴商业生态圈的繁荣。

大企业要有小作为，小企业要有大梦想

● 阿里故事

马云说："领导者一定要为你的团队确立价值观，要和手下的人约法三章。很多人从小公司做到大公司以后，会觉得今天公司大了，什么事都可以做了。希望大家记住，经营大企业，要有小企业的思维和大企业的眼界。任何大企业都是这样走出来的，谁也不是一下子就很强大的。"

阿里巴巴还是一家小公司的时候，就已经立下了"让天下没有难做的生意"这个大梦想。甚至可以说，马云等人没有这个大梦想就不会拼命创建阿里巴巴。要知道，当时在电子商务领域创业的公司少之又少，也没多少客户相信电子商务对自己真有什么用处。很多人根本不相信中国能做出成熟的电子商务产业。

马云预言互联网即将从"网友"时代进入"网商"时代。除了软银集团董事长兼总裁孙正义等少数人之外，没多少互联网人意识到这个论断的价值。阿里巴巴在别人不看好的情况下一直坚持自己的大梦想，终于一步步成长为令人尊敬的大企业。

成为大企业的阿里巴巴名声在外的同时，烦恼也增多了。随着集团实业的不断扩张，阿里巴巴变得非常庞大。按照商界的经验，大企业很容易患上"大企业病"，具体表现为机构臃肿、决策缓慢、人浮于事、官僚主义横行等。不少大企业因此盛极而衰。

随着阿里巴巴旗下的各个子公司业务突飞猛进，马云也意识到了这个隐患。他深思熟虑之后的对策是调整组织结构和现有业务框架。2013年初，他宣布集团将把当前所有的业务和组织重新划分成25个事业部。换言之，大企业被拆分成多个小事业部来运营。

■ 延伸解读

通过这次改革，阿里巴巴的业务决策和执行体系发生了巨大的变化，新体系由"战略决策委员会"和"战略管理执行委员会"共同构成。其中，"战略决策委员会"由董事局主持，各个事业部的CEO则构成了"战略管理执行委员会"。

马云在内部信件中称："这是阿里13年来最艰难的一次组织、文化变革……本次组织变革的一个方向是把公司拆成'更多'小事业部运营，我们希望给更多年轻阿里领导者创新发展的机会。我们不仅仅需要看见相关业务的发展和他们团队、个人的成长，更希望看到他们通过各自的小事业部的努力，可以把我们的商业生态系统变得更加透明、开放、协同、分享，更加美好。"

阿里巴巴经常被戏称为商业帝国，但阿里人自己不希望以商业帝国的形态出现，而是致力于构建一个"同一个生态，千万家公司"的良好社会商业生态系统。

在马云看来，小企业要有大梦想，大企业要有小作为。所谓"小作为"，不光是指琐碎的工作细节，还有"小而美"的组织形态。互联网时代需要快速灵活的组织，阿里巴巴已经是个庞然大物，只有通过重新拆分才能保持"小而美"，做好"小作为"。

▶ 阿里方法论

思想是管理和企业文化的后盾

无论大企业还是小企业，都应该向管理要效益，向企业文化要组织凝聚力。但要做到这点并不容易。中国有很多企业虽然一直在学习，但还没有真正建立起现代管理和令人信服的企业文化。

马云指出："真正把管理做好，把文化做好，管理、文化背后必须有强大的思想，没有真正的、很好的思想，就没有办法把企业做大。西方的管理水平相当了不起，日本精致的文化管理也相当了不起，但是中国企业绝大部分是今天从西方学一点，明天从日本学一点，后天学一点传说的故事，整个管理商业体系是没有基准、相当混乱的。"

阿里巴巴把中国本土的管理经验和外国的企业管理理论融会贯通，形成了独具一格的管理模式和企业文化。比如，重视企业价值观是吸收了外国公司的经验，但阿里巴巴的价值观融入了浓厚的中国思想文化特色。从"六脉神剑"到阿里"政委"体系无不是中国本土文化的产物。这些都是在外国企业找不到的东西。

道家黑白相融、万物皆变的哲学，是阿里巴巴管理和企业文化的强大后盾。马云将其称为"东方的智慧＋西方的运作"。在这个哲学的基础上，阿里巴巴不断吸收新的养分，让自己进化成一个更完善的企业组织。

领导者要多花一点时间在改善管理上

● 阿里故事

2016年7月28日，阿里巴巴集团董事局主席马云带着湖畔大学第一期学员和第二期学员来到位于青岛的海尔总部进行了为期两天的交流。他在此期间发表了一次演讲，分享了自己的管理心得。

马云在演讲中提道："我觉得做企业还是要想明白一点：你到底有什么？你要什么？你放弃什么？在座的每个人，你们现在要明白的，你们现在还在思考我要什么。智慧是我不要什么。等大家学会我不要什么的时候。小企业考虑的是要用什么样的人，而大企业考虑是要开掉什么样的人。……等你管上五千人的时候，形势发生很大的变化。等你手上有超过两百个产品和服务的时候，形势发展了变化。"

企业发展到一定阶段时，管理必然会发生变化。阿里巴巴在扩大规模的过程中，新问题层出不穷。这些是出乎管理团队意料之外的情况。马云等人在此过程中不断总结经验，并开始提前思考公司规模超过二三千人时应该怎样管理，超过一万人时又该怎么管理，当阿里巴巴收入超过100亿元的时候跟收入1亿元、50亿元的时候有什么不同？

后来阿里巴巴总结出一个规律，改善管理的最佳时机是在问题曲线往上升的时候。那时候问题还不算严重，比较容易解决，比问题出现影响业绩之后再行动的效果好。

■ 延伸解读

　　领导者是做大事的，考虑问题应该比普通员工更全面、更深刻一些。但是，多年的创业经历让马云注意到一个现象——很多企业领导者往往存在两个不足。一个是缺乏情怀和使命感，另一个是不善于经营管理。

　　缺乏情怀和使命感的领导者，对公司未来的发展定位实际上是模糊的。市场上什么东西热，他们就做什么东西。总是赶时髦、追热点，但很难把握住真正的机遇，一旦碰上市场形势再度变化，就会陷入困境。

　　另一些领导者不缺少情怀，但务虚不务实，不知道该怎么把目标落实下来。他们的情怀不变，经营策略瞬息万变，公司始终没有一个成熟的管理机制，大量人力、物力、财力和精力浪费在日常运营的损耗当中。

　　如果不能纠正这两个误区，领导者很难成长为真正的企业家。因此，马云牵头创办湖畔大学，精心挑选有潜力的企业家来学校"充电"，帮助学员们学习和探究如何避免失败、如何把握未来。为提高中国企业家的管理水平做出了不少贡献。

▶ 阿里方法论

管理不善，创新无力

　　有些公司有一流的点子、一流的人才和一流的执行力，却没获得一流的成果。随着挫折越来越多，公司团队四分五裂，最终不得不跟梦想挥泪告别。造成这种结果的原因不是别的，正是最不起眼的日常管理。

　　马云对此批评道："这四五年，我参加了无数个IT、互联网论坛，很遗憾，我听见最少的东西是如何从组织、文化、人才上管理好一个IT企业、一个互联网企业。决定一个生态系统的不是老虎、狮子和大象，而是微生物，决定一个公司的最好素质是你的基础员工招聘。从点滴做起，从自己做起，从你招聘的人做起，你才能从梦想回到现实。很多企业倒下去不是缺乏创新，不是没有人才，而是完全缺少管理思想。"

要把梦想变成现实，既需要充满创意的点子、优秀的人才团队和强大的执行力，又需要抓好琐碎的、具体的日常管理。管理不善会降低团队的执行力和凝聚力，让公司上下把精力、时间和资源浪费在无谓的地方。久而久之，失败的秧苗就不可避免地长大，然后令所有人的心血付之东流。

冬藏卷

——

未来已来，以使命感还世界一个承诺

——

马云认为未来的三十年是关键的三十年，政府、企业乃至整个社会都在转型升级。困难会增加，但机遇同样在增加。冬藏若是没做到位，来年的春生将会青黄不接。有担当的企业应做好战略布局，为今后的道路储存更多能量，努力促进社会的发展进步。

第十三章

接受新经济下的"新常态",把创新当成事业

企业发展离不开国家经济的大环境。中国已经进入经济增长速度放缓的"新常态",有些过去行之有效的经营策略,逐渐变得不合时宜。每个人都身处社会大转型的历史洪流当中。

这是一个商业变革的时代,创新的主角正是那些具有学习能力和反省能力的企业家。马云有个经营哲学是在别人低落的时候看到美好的东西。阿里巴巴立足于今天,更着眼于未来。接受经济新常态,主动了解新时代的需求,把挑战当成机遇,把创新当成永恒的事业。

商业变革时代，创新的主角是企业家

● 阿里故事

2015年，马云联合八名企业家及著名学者共同创办了湖畔大学。湖畔大学得名于阿里巴巴的"精神圣地"杭州湖畔花园小区。马云担任这所民办培训机构的首任校长，曾鸣教授担任教务长。1月26日，湖畔大学从150位报名者挑选出第一批30名学员，学费为3年28万元。2015年3月25日开课。

2016年3月27日，湖畔大学第二届开学典礼在杭州举行，39名企业家成为湖畔大学的"一年级新生"，首届学员升为"二年级学长"。2019年3月27日，湖畔大学已经迎来了第五届学员，最终入围的41名学员主要分布在大众消费、医疗、教育、人工智能和文娱等14个行业，其中有36.5%的人是"85后"创业者。

湖畔大学的招生标准极其严格，首先必须是创业3年以上的公司决策者，公司规模超过30人，必须提供企业3年完税证明。申请人必须要有三个推荐人，其中至少需要一位湖畔大学的指定推荐人。

马云表示："是否有企业家精神，是否对问题的看法不一样，是否对问题认识的深度不一样、广度不一样，是否有强大的情怀，这是我们希望去建立起来的。"由此可见，阿里巴巴创办湖畔大学的目的是为社会培养更多真正具有企业家精神的创业者。

■ 延伸解读

马云在上海市浙江商会年会的演讲中说道："所以这一点希望大家记住，我们企业家就是野生动物，我们就是'原生态'。我们对很多问题的反思和思考，是跟别人不一样的，所以我们对创新的理解，也是不一样的，创新不是讲故事。如果你觉得靠概念可以成功，那么你最后得到的，还是一个概念，如果你觉得讲故事能成功，最后你剩下的，只是一个故事而已。大家要记住，创新是逼出来的，没有人在顺利的情况下可以做好创新。"

阿里研究院副院长宋斐在一次学术研讨会中提道："经济全球化第一波浪潮靠国家驱动，第二波靠跨国公司驱动，接下来或将出现更多中小企业甚至消费者可以直接连入全球市场的大趋势。"这个形势判断代表了阿里人对时代进程的整体认识。

随着广大中小企业直接进入全球市场，企业发展的机遇和挑战都会空前增加，对企业家的能力素质也提出了更高的要求。马云创办湖畔大学，正是立足今后的发展，通过扶持更多具有创新能力的企业家来积蓄更多社会力量，共同推动商业变革。

▶ 阿里方法论

阿里巴巴合伙人制度

阿里巴巴合伙人制度始于2009年，2010年正式开始试运营，直到2013年才对外公布。这项制度具有三大特征：树立道德标准、解决接班人问题、避免关键人风险。

阿里巴巴董事会执行副主席蔡崇信解释道："阿里巴巴合伙人制度首先为全公司树立了道德上的高标准。确保公司的操守文化，是合伙人群体最重要的责任之一,而在考察和选举合伙人的时候,道德品质也是非常重要的因素。每一位新成为合伙人的公司成员,一般都要经过长达3年的考察,还需获得75%现任合伙人的支持,这是一个非常高的门槛,以保证公司合伙人团队有健康的构成。"

  这些合伙人都持有公司的股权,并以"一人一票"的平等决策机制参与集团所有的重大决策。合伙人团队每年都会吸收新成员,以保持阿里巴巴高层的活力。阿里巴巴合伙人制度以集体决策避免了少数关键人员变动给公司管理造成的动荡。所有合伙人的财富和集团的价值直接挂钩,激励着他们以企业家精神不断推动阿里巴巴的发展。

企业家要立足今天，也应思考未来

● 阿里故事

2014年的"双11"成交额是571亿人民币。马云在杭州慰问了阿里员工，并表示接下来比较担心物流。所有物流的同业、同事们和快递员们将会因为巨额的交易量进入一年中最紧张繁忙的阶段。他对"双11"的业绩大幅度上涨感到满意，却又保持了一名企业家应有的冷静。

马云表示："阿里今天需要做的事，还是做我们自己，认认真真把自己手头上的活做好，认认真真把5年、10年的规划做好，认认真真得像以前一样。因为才15年，我们未来还有87年（注：指做102年公司的目标还剩87年）。也不求今天有多好，我们只求今天能实实在在的。因为今天越实在，今天越踏实，阿里的未来才可能走得更遥远，这是我们现在在看的。"

企业家既要立足今天，也应该思考未来。当我们把未来10年的道路看清楚了，把往后要做的事规划清楚了，就不会对今天的情况感到迷茫。所以，阿里高层对未来总是抱有信心，在极其困难的情况下依然能坚持永不放弃的精神。马云并不担心今天的事业一时不顺。只要方向对了，并打好基础，总能取得胜利。

■ 延伸解读

马云说："我们今天确实没有人们想象得那么好，要面临的挑战困难还很多。所以对我本人来讲，股价上涨可能股民很高兴，但是阿里的管理层，阿里的员工，包括我在内，我觉得我们还是应该回到我们自己是谁，脚踏实地地做自己。"

这份清醒对阿里巴巴非常重要。许多人只看到了马云"说大话"时的"狂"，却不见他积极反思自己的"谦"；只看到马云"不按套路出牌"的特立独行，却忽略了他踏实做事、诚信做人的处世之道。

不思考未来的人，梦想只不过是幻想，永远无法变成现实。不立足今天的人，再好的梦想和规划都是浮云。马云一贯以理想主义闻名于世，对内对外的讲话都充满了理想主义情怀。但他在思考未来的时候从没忘记立足今天，在立足今天的时候又常常思考未来。

阿里巴巴能走到今天，正是因为同时具备立足今天的务实和思考未来的远见。只要能保持这种品格，相信阿里巴巴的辉煌会延续下去。

▶ 阿里方法论

对任何东西都要有前瞻性的思考

企业家进行前瞻性思考，是一件颇有挑战性的事情。明天不一定能吃上饭，畅想后天会如何如何，有很大的可能性会被别人认为是不切实际，不够脚踏实地。但是，有很多"务实"的创业公司还是倒在了明天，始终在做前瞻性思考的阿里巴巴却变成了明星企业。

马云说："对任何东西都要有前瞻性的思考，为未来改革，今天才有意义。今天，大家思考一下，如果你在十年以前，什么事情今天做会不一样？同样的道理，你站在十年以后思考现在，我这家企业必须做什么事情，十年以后才有机会。你越不知道明年怎么过的时候，越要思考五年以后、十年以后。""21世纪,企业一定要高度注意组织变革,组织、人才、变化,经济不好的时候,就要在这些方面练内功。"

我们应该把这段话跟马云在创业初期的"跪着过冬"理论对照着看。阿里巴巴当初不惜代价"跪着过冬",恰恰是因为看清了十年以后的形势。公司上下对未来的艰辛和机遇心中有数,知道自己能坚持到否极泰来的那一天。

而那些不做前瞻性思考的公司,总是以"脚踏实地"为名随波逐流,跟着市场乱象飘来飘去,无法形成一个清晰的发展路线图,也不知道下一步该怎么走。这样的公司对市场的认识很浅薄,看不透大趋势,随着可以用来试错的资源越来越少,把自己折腾到油尽灯枯也不足为奇。

眼光体现在学习和反省能力上

● 阿里故事

2018年6月26日,由阿里巴巴倡议,国内外多个领域顶尖学者共同发起的研究机构"罗汉堂"在杭州成立。

马云说:"科技的高速进步改变了人类社会的方方面面,我们在享受科技带来好处的同时,更要理解科技给社会带来的挑战并思考解决方案。作为一家科技公司,阿里巴巴有责任倾尽全力研究如何帮助社会适应科技进步并迎接随之而来的挑战。这也是我们倡议成立罗汉堂的初衷。"

罗汉堂将汇集中外学术界的力量,共同研究与科技创新伴生的社会经济形态变化等课题。该机构的发起者包括6位诺贝尔经济奖获得者,覆盖了全球经济学、社会学、心理学等学术领域。未来将邀请更多各个领域的学者加入。罗汉堂秘书长陈龙教授表示,蚂蚁金服将全力支持罗汉堂学者的研究。

6月25日,15名全球顶尖学者在西湖畔与包括阿里巴巴集团董事局主席马云在内的阿里巴巴和蚂蚁金服管理层进行了两天的闭门探讨。马云在和学者们交流时表示,希望罗汉堂也能存在300年。在罗汉堂闭门会上,15名学者共同发表了《罗汉堂使命宣言》。罗汉堂将秉承科学研究的开放精神,以正直、包容、多元的原则独立运作,其学术成果将为全社会服务。

■ 延伸解读

马云认为企业家的眼光体现在学习能力和反省能力上。没有开放的学习心态，就看不懂未来的新形势。没有反省能力，就无法改变自己、改变组织，适应未来的新环境。阿里巴巴团队一直在通过学习来提升自己，并且积极组织各种商界、学术界的论坛，以开阔视野。

阿里巴巴创建罗汉堂不光是为了公司的长远发展，也是希望邀请全世界顶尖学者在一个开放、合作的研究平台上共同研究社会问题，一起为全世界的发展进步而努力。

▶ 阿里方法论

企业不宜完全依赖职业经理人

现代企业管理制度非常重视职业经理人的作用。因为职业经理人普遍拥有丰富的现代管理知识技能，能帮助企业走向正规化、规范化发展。这正是创业公司发展成知名大公司的必经之路。

但是，阿里巴巴跟其他大公司的思路不同，更喜欢把内部员工培养成具有企业家精神的管理者，而不是直接外聘职业经理人。

马云说："我挺反对职业经理人掌控公司的。七年前，我们设计了合伙人机制，为了说服大家，我举了一个例子：职业经理人跟企业家的差别就好比大家都上山去打野猪。如果职业经理人开了枪以后，野猪没被打死，冲了过来，职业经理人会把枪一扔就跑了；而如果企业家也没打死野猪，看到野猪冲过来，他会拿起柴刀冲上去。真正的企业家是没有什么畏惧的，他们不是被培训出来的，是从市场上商海中一路打过来的。"

阿里巴巴的选择跟创业早期的挫折有关。这种从内部挖潜的经营管理思路，给了员工更多的发展空间，却也对其学习和反省能力提出了更高的要求。

在别人低落时要看到美好的东西

● 阿里故事

2013年6月30日,马云作为嘉宾出席了"家是香港·伴你启航"青年创业论坛暨青年创业资助计划启动礼。

他在论坛上对青年创业者说:"只要有抱怨的地方、不合理的地方、有人投诉的地方,就有创业机会。这个世界机会太多了,你就看看每天互联网上抱怨的事情那么多,这些都是机会。你加入抱怨永远没有机会。你要将别人的抱怨、投诉、仇恨、不靠谱的地方变成你的机会。"

在众多企业家中,马云可能是乐观主义精神最强的一个。他坚持认为,真正的企业家是不抱怨的。要在别人低落的时候看到美好的东西,锲而不舍地把美好的东西做出来,才是成功企业家应该有的器量。

从创立阿里巴巴开始,马云一直抱着这样的心态。他做互联网仅三个月就遭遇了互联网风暴。形势不好让许多互联网公司倒闭,让很多创业者打起了退堂鼓。但马云坚信互联网将影响全人类,不会因为这次失败而终结。

凭借这份坚定的意志和敏锐的眼光,马云找到了同样富有远见的合作者孙正义。他让阿里巴巴全体成员在低落的时候刻苦提升自我,专注于明确的发展目标。在别人抱怨没机会的时候,他不仅把中国电子商务市场做大做强，还为社会培养了大批电子商务人才。

■ 延伸解读

马云很自信，即使在内心几乎动摇的时候，还是能看到美好的东西，重拾信心继续打拼。但他并不是盲目自信，在别人低落的时候呼吁大家要看到美好的东西，在形势较好的时候反而提醒大家要把困难想多一点。

在2015年12月30日，马云在浙江商会年会上说："我们每年都把未来的一年想得非常艰难。尽管我知道，第二年肯定有很多人做得比我们好，未必我们公司能做得更好，我们公司可能会有很多不可预期的困难出现，但看清楚未来的灾难，仍旧为之，这才是真正的乐观。"

由此可见，马云的乐观是谨慎而理智的，是在看清了未来的大趋势之后才形成的。他的乐观精神和忧患意识紧密结合在一起，影响了整个阿里巴巴的行事风格。尽管马云也会出错，阿里巴巴也走过弯路，但永不放弃追求美好事物的信念，总能指引着他们走出困局。

▶ 阿里方法论

没经过残酷时代的企业无法变得优秀

经济形势好的时候，很多创业公司都能赚到钱，甚至野蛮生长。但经济形势不可能一直好下去，而且企业在发展的过程中会遇到越来越多的问题。企业在逆境中的生存能力，决定了它能走多远。

马云曾经说过："我对企业失败的案例尤其感兴趣。经济形势不好的情况下，你会发现80%～90%的优秀企业都经历过三到四次非常残酷的失败。一家企业如果没有经历过残酷的时代，没有经历过内痛，没有经历过外斗，是经不起风浪的。"

阿里巴巴的腾飞与国民经济发展密切相关，但在创业后不久就遭遇了互联网经济泡沫，后来也遇到过不少波折。但阿里人在其他创业者灰心丧气的时候依然保持着乐观精神和坚强意志，经受住了一个又一个严峻考验。这才有了阿里巴巴今天的辉煌。

第十四章

推动社会进步，成为有担当的伟大企业

　　大的企业不仅追求经济效益，还追求社会效益。企业作为社会中最有活力的一部分，对推动社会进步做出了很大的贡献。遗憾的是，不少企业只顾着赚钱而忽略了自己的社会责任。阿里巴巴从创业之初就把推动社会进步视为自己的使命，志在成为有担当的伟大企业。

　　在这个思想的指导下，阿里巴巴全力发展中国的电子商务，多年来已经帮助无数中小企业渡过难关并获得成功，还针对新时代的消费主力军——女性消费者的特点来不断改善自己的服务。在此基础上，阿里巴巴还积极推动广大农村的电商事业，举办了"阿里年货节"等活动，促进中国乡村经济的蓬勃发展。

成功企业的四大特征

● 阿里故事

马云曾经在第一届网商交易会上讲了一个故事：多年前，他跟一位关系要好的商人朋友推荐使用淘宝网，希望对方把生意放在网上做。商人朋友表示回头再说吧。两年后，马云再次邀请商人朋友进驻淘宝，对方说现在忙不过来。又过了两年，商人朋友抱怨马云不早点提醒自己，生意都被淘宝网上的孩子抢走了。

他当时对在场的网商表示，阿里巴巴的成功是互联网的功劳，是中国发展的功劳，是1.3万阿里员工的功劳，是几千万信任网商的人的功劳。阿里巴巴能走到今天的地步，离不开四大特征：

◎ 开放的胸怀。

◎ 分享的精神。

◎ 承担责任。

◎ 全球化的眼光。

上述四项品质让阿里巴巴从一开始就有开阔的视野，以谋全局的眼光谋一域，以谋万世的格局谋一时。阿里巴巴这些年来致力于在全球范围积极招聘各种各样的专家，包括法律专家、经济学家、社会学家、人类学家和科研人员。吸收社会各界的尖端人才，制定一个利于互联网经济发展的平台、机制以及游戏规则。

■ 延伸解读

开放的胸怀为阿里巴巴带来了一批又一批来自五湖四海的优秀人才。分享的精神让阿里巴巴赢得了市场中大多数中小企业的青睐。承担责任让阿里巴巴把大量精力和资金投入到公益事业中，与社会各界共同解决社会问题，推动社会进步。全球化的眼光让阿里巴巴抓住了一次又一次发展良机，度过了关键时刻的危机，发展成为一个具有全球影响力的大型集团。

如果我们把视野放宽，就会发现这四大特征在其他的成功企业中也有体现。这并非独属于阿里巴巴的成功经验，而是所有创业者和企业家都应该具备的品质。

一家企业在创业初期还能凭借创始人的个人智慧打天下，赢得一些竞争，创造几次佳绩。但随着组织规模的不断扩大，企业就越需要开放的胸怀、分享的精神、承担责任、全球化的眼光。

从最高领导者到最基层的一线员工，都应该具备这些东西。否则企业很难突破自身的局限性，很容易卡在某个发展瓶颈上停滞不前，甚至有所倒退。遗憾的是，大多数企业在这方面都存在缺陷，最终束缚了自身的发展潜力。

▶ 阿里方法论

活下来就是赚了，保持戒惧之心

尽管离存活102年的目标还很早，阿里巴巴已经被大众视为创业成功的典范。这家成功的企业风光无限，但创业者们却心有余悸。他们觉得阿里巴巴能存活这么久真是一件很幸运的事情。

马云感叹道："今天阿里巴巴的很多成功绝不是马云或者管理团队当时做了正确的决定。其实有很多我们当时信誓旦旦的事情都死掉了，只是事后不好意思说而已。今天的我，或者阿里巴巴的'老人'，为什么坚信我们能推动新商业文明？我们都是当真话的，因为公司至少有过四十到五十次死掉的可能。但是我们居然可以整着整着整大了，整着整着还有点靠谱了。这个让我们明白自己很幸运，这个让我们明白后面那些年都是赚来的，得把这些分出去。"

市场是残酷的，每天都有公司在倒闭。即使为世界500强之一，在市场风险面前也不敢逞强。阿里巴巴上下都怀着一颗戒惧之心。明朝思想家王阳明在《传习录》中说："若戒惧之心稍有不存，不是昏聩，便已流入恶念。"这句话值得每一位创业者、领导者、奋斗者时刻铭记。

阿里的乐趣是推动社会进步

● 阿里故事

阿里巴巴集团积极响应国家的脱贫攻坚战略，把脱贫工作列为集团的一大战略业务。2017年12月，"阿里巴巴脱贫基金"正式启动。

阿里巴巴宣布在未来五年中计划投入100亿元参与脱贫攻坚，从电商脱贫、生态脱贫、教育脱贫、女性脱贫、健康脱贫五大方向进行探索，探索"互联网+脱贫"的新思路、新方法，从根源上帮助贫困地区脱贫致富。在这个战略指导下，阿里巴巴各单位推出了多个扶贫项目。

比如，"蚂蚁森林"公益应用上线的首个生态经济林——计划在内蒙古播种的沙棘林，314万用户"认领"栽培的沙棘在第二年春天播种生根。以这批沙棘林为原料的"MA沙棘"沙棘汁将在阿里电商平台出售。据阿里专家估算，这个项目能让当地30%以上的贫困户成为种植工人，阿里电商平台的部分收益将优先反哺当地造林和贫困户。

由于贫困地区基础设施薄弱，互联网尚且不发达，发展电商更是存在不小的困难。阿里巴巴为此派出众多技术团队驻守农村，帮助贫困地区群众解决技术瓶颈，构筑完整的技术脱贫链条。

2018年3月，阿里云工程师雷宗雄带领20余名工程师组成的技术团队驻守江安县麻衣村一家养殖场。他事后总结经验说："在很多贫困地区，技术不在于多时髦,而在于能落地。"

技术团队克服重重困难,安装好了每一个智能传感设备及其配套措施,并研发出一套适合当地养殖场管理的 AI 系统。麻衣村养殖场从此进入了智能化养殖阶段,幼畜的产出率上升,死亡淘汰率降低了 3%。

据悉,2018 年共有 1000 多名阿里技术研发人员实地走访全国 100 多个贫困县,深入了解农民的实际需求,根据贫困地区的实际情况有选择地推广人工智能、区块链、云计算、大数据等技术,促进了贫困地区产业化发展。

■ 延伸解读

阿里巴巴的五大脱贫方向各有明确的使命。电商脱贫的目标是"帮助贫困地区的优质产品卖出去"。生态脱贫的目标是"让绿水青山变成金山银山"。女性脱贫的目标是"让女性成为乡村振兴的中坚力量"。教育脱贫的目标是"让每个乡村孩子成为最好的自己"。健康脱贫的目标是"救助一个人,撑起一个家"。

这些口号都很通俗易懂,出发点非常接地气。由此可见,阿里集团的魄力和决心。光看企业的盈利能力,阿里巴巴目前并非中国第一。如果论推动社会进步的热情,阿里巴巴排第二,恐怕没有企业能称第一。

阿里巴巴是一家能赚大钱的企业,但目标早已不局限于赚更多的钱,而是以推动社会进步为己任。这家企业从成立之日起,就怀着这种充满理想主义的抱负。即便在困难时期把公司战略定为"跪着过冬"和"活下去",依然不忘初衷和企业使命。

阿里巴巴在兴盛之际投入很多力量进行布局,试图整合全社会的力量,从方方面面推动社会点点滴滴的进步。此举不仅让阿里的影响力覆盖面更广,也将在未来培育出新的电子商务经济增长点。

▶ 阿里方法论

公益的心态、商业的手法

阿里巴巴一直倡导以"公益的心态、商业的手法"来推动社会进步，设法在贫困地区形成完整的技术产业链条，避免公益事业滑向形式主义。成立阿里巴巴脱贫基金就是一个有代表性的举措。以下内容节选自《阿里巴巴脱贫工作报告 2018》：

经过一年探索，阿里巴巴脱贫工作呈现出"可持续、可参与、可借鉴"的特点。

可持续：阿里脱贫基金志在探寻脱贫工作的长效机制，授人以渔，帮助贫困县培育造血能力、增强自我发展动力。同时，回归人本身，通过教育、培训，在贫困地区帮助个体提升能力、激发意愿。只有人的可持续和脱贫机制的可持续，才能推进乡村发展的可持续。

可参与：独木难成林，脱贫不是"小而美"的盆景，而应是社会力量的大协同。借助于阿里经济体的平台和能力，调动阿里经济体的每个单元，连接更多的社会角色、千千万万的人，共同参与到脱贫事业中。因脱贫事业而汇聚的善意、资源和能力，将有效助力未来的乡村振兴等工作。

可借鉴：阿里巴巴脱贫基金基于互联网、云计算、人工智能等技术，不止于具体脱贫项目的"一县一策"，更关注从中探索和总结，形成经验、模式和方法论，供贫困地区因地制宜、借鉴参考，让 100 亿的脱贫基金产生 10000 亿的脱贫效果。这也是阿里巴巴"公益的心态、商业的手法"理念的体现。

伟大的企业会诞生在困难时刻

● 阿里故事

2015年10月25日，阿里巴巴董事局主席马云在第三届世界浙商大会上被选为浙商总会第一任会长。当时受经济波动的影响，很多企业在这一年过得很艰难。浙商们普遍表示对经济形势感到不乐观。

看到这种情况，马云说："我充满乐观，从5个月到15个月来看，经济不好，好不到哪儿去，而且可能比大家想象得还要糟糕，这个做好心理准备就不怕，守住自己的地盘。但是，从5年到10年来看，中国经济的机会强大无比，可能全世界找不到像中国这样的第二个国家。"

马云的底气来自阿里巴巴多次从困难时刻逆袭的成功经历。阿里巴巴刚成立不久就遭遇互联网经济泡沫，处境一落千丈。公司多年忍着不上市，直到2007年11月才上市，但没多久就乐极生悲，遭遇了2008年的全球金融危机。

在前一次，阿里巴巴通过"三大运动"积蓄力量，从极度困难的条件下重新崛起。而在后一次危机中，马云在公司上市之前就已经开始调整阿里巴巴的战略和产品。尽管阿里巴巴的股价暴跌，但凭借淘宝体系的蓬勃发展继续屹立于电子商务市场。

■ 延伸解读

马云说："我一直是一个乐观主义者，但乐观主义绝不等于盲目乐观，你需要有根有据。但是有一点是肯定的，经济形势好，你未必会好；经济形势不好，你也未必会不好。经济不好有不好的做法，经济好有好的做法，只是看待的角度不同而已。"

他相信伟大的企业一定会在困难时刻诞生。阿里巴巴在这个思想指导下积极创新，力图在困难时刻找到新机会，并积极推动社会进步，顺应中国经济转型的潮流。

2019年3月25日，中国人民大学劳动人事学院课题组发布了《阿里巴巴零售平台就业机会测算与平台就业体系研究报告》。《报告》指出，阿里巴巴零售平台在2018年总体上为我国创造了4082万个就业机会。

其中包括1558万个交易型就业机会、2524万个带动型就业机会。在阿里巴巴零售平台26个经营类目中，服装鞋帽、针纺织品类（409万个）、日用品类（284万个）、家用电器和音像器材类（162万个）带动的交易型就业机会数位居前三。

课题组认为阿里巴巴零售平台已经摸索出了一条带动产品供给侧发展的路子，在生产制造环节形成了新产业集群，在商品流通环节形成了新的商品流通形式，在商品零售环节形成了服务商生态。

阿里巴巴服务商生态不仅吸纳和带动了大量的就业人口，还衍生出机器人训练师、代运营培训师、淘宝主播、钉钉数字化管理师等新兴职业。阿里巴巴在经济下行的背景下通过扩大内需、变革升级，扩大了就业市场规模，提高了就业质量。为新常态下的国民经济发展做出了贡献。

▶ 阿里方法论

经济形势好不好跟你没关系

当初国内外很多互联网企业都认为阿里巴巴不会成功。因为按照当时的经济形势，马云尝试的电子商务平台模式还有很多不成熟之处，未知的风险极高。没想到，互联网泡沫过后，原先称霸国内互联网行业的巨头们纷纷倒下，反倒是阿里巴巴等新兴互联网企业迅速崛起。

马云说："经济形势好与不好，其实跟你没什么关系。因为好形势下，烂企业有；坏形势下，好企业也多得是。中国最好的企业绝大部分都不是在好的经济形势下出来的。"

企业的发展既离不开自身的努力，也要看经济形势。无论经济形势是好是坏，市场中都会不断产生新的需求。谁能在经济形势不好的困难时刻填补社会需求的缺口，谁就有希望突破困境，成长为伟大的企业。

把"农民工"变成"农民商"

● 阿里故事

2016年春,阿里巴巴打出"洋货下乡,土货进城"的口号,举办了第一届"阿里年货节"。阿里年货节是阿里集团继"双11""双12"之后开辟的第三个营销节日,旨在推广电子商务,促进农村经济发展。

首届"阿里年货节"上有个"我为家乡送台戏"众筹活动把黔剧折子戏、川剧变脸、侗族琵琶歌等节目送下乡去,涉及河南、安徽、江西等九省(市)的30个贫困县。同时还将山东高密的美工剪纸、山东的胶东大饽饽、河南开封朱仙镇的木板年画等特色产品推上淘宝。

阿里巴巴和社会各界合作,一起在全国各地打造淘宝村。淘宝村目前呈现出裂变式扩散、集群化发展的趋势,在我国东部沿海地区表现得尤其明显。

根据阿里研究院《中国淘宝村研究报告(2018)》显示:"2018年全国淘宝村达3202个,淘宝镇达363个。阿里研究院数据显示,过去一年,全国淘宝村网店年销售额超过2200亿元,在全国农村网络零售额占比超过10%,活跃的网店数超过66万个,带动就业机会数量超过180万个。"

阿里研究院初步分析显示,全国大约有1/5淘宝村分布在贫困县。其中,位于国家级贫困县的淘宝村有43个,省级贫困县的淘宝村有近600个。

这些淘宝村通过发展电商正在逐渐脱贫致富。

例如，国家级贫困县河北平乡有18个淘宝村。村民们通过淘宝电商平台把童车、自行车等商品销往全国300多个城市。第六届中国淘宝村高峰论坛主办地江苏睢宁县，在2018年发展到92个淘宝村，成为江苏省第一大淘宝村集群、全国首个"所有乡镇都有淘宝村"的县。

为了更好地服务乡村，阿里巴巴于2016年10月成立了阿里新乡村研究中心。这是一个开放式、公益性的研究网络，研究主题包括农村电商、电商减贫、返乡创业等。此后，阿里新乡村研究中心从研究基础、已有成果、未来研究计划等方面综合评估，选拔了多批客座研究员并颁发聘书，以求吸收更多力量来为建设互联网乡村经济服务。

截至2019年1月16日，阿里新乡村研究中心共有35位客座研究员，分布在中国、美国、英国、新加坡等地，学科背景包括经济学、社会学、管理学、政治学、统计学、城市科学等领域。

■ 延伸解读

阿里巴巴发展农村电商的目的很明确，就是培育农村电商市场，为解决三农问题做贡献。针对贫困地区的不同情况，阿里巴巴采用了三种模式来帮助贫困地区发展优势产业。

1. 平台模式

阿里巴巴联合地方政府共同发起"寻味中国"活动，通过大数据搜索出广受欢迎的优选农产品，然后在产地的乡村建立兴农扶贫服务站，把这些贫困地区的优质农产品推广到国内外市场上，通过升级农产品的品牌来打造县域农产品名片。

也就是说，阿里巴巴不光是提供一个电商平台，同时还输入营销资源、产业标准、相关培训等，与当地政府共同打造农产品的市场竞争能力，培育电商服务商，帮助贫困县形成自我造血能力。

2. 一县一品模式

这种模式是通过淘乡甜直供直销系统来扶持贫困地区的特色农业，在每个贫困县打造一种特定的农业品牌。比如，云南红河州元阳县拥有一百万亩的世界文化遗产哈尼梯田，哈尼梯田出产红米但亩产偏低，再加上物流条件差、品类混乱等问题，难以形成市场认可的红米品牌。阿里巴巴与当地政府明确了"元阳红米"的产业定位，共同筛选1000户贫困户作为种植户，以订单农业方式包销3000亩梯田50万斤红米，并接入阿里巴巴的"淘乡甜溯源系统"。一县一品模式由合作社定时采集生产日志，以保障整个种植过程的规范化和标准化。通过一系列的政、企、村合作，"元阳红米"的品牌被逐步树立起来。

3. 直播模式

直播模式就是依托网络直播平台来发展农村的网红经济。2018年12月15日，阿里巴巴联合共青团中央、新浪微博举办"2018脱贫攻坚公益直播盛典"。整个直播节目长达4个小时，来自50个贫困县的102个农产品亮相淘宝直播，吸引观众超过1000万人，帮助贫困县销售农产品超过1000万元。

阿里巴巴与各贫困县政府携手合作，共同培养当地的"新（星）农人"，通过"网红＋县长（村干部）＋明星"的模式来推广优质农产品。淘宝直播还在国家级贫困县专门开通"脱贫直播频道"，并对贫困县商家进行直播技能培训，帮助他们学会使用最新潮的方式来做农产品营销。2018年，国家级贫困县在阿里巴巴平台网络销售额超过630亿元。其中，超过100个贫困县网络销售额达到或超过1亿元。

> 阿里方法论

评选淘宝村先进工作者

业界网商、政府和学者都认为淘宝村成功的首要因素是各个乡村里的电商带头人和推动者。为了表彰农村电商先进工作者，激励更多农村通过电商脱贫致富，阿里研究院联合社会各界组织了首届淘宝村优秀带头人和淘宝村杰出推动者评选活动。

最终名单是通过专家提名、候选人自我推荐、地方政府推荐等方式产生。由14位国内外资深专家评委投票，从91名候选人中评选出了10名淘宝村优秀带头人和5名淘宝村杰出推动者。颁奖仪式于2017年12月7日上午在山东菏泽会盟台举行，所有参与第五届淘宝村高峰论坛的人见证了这些淘宝村先进工作者的光荣时刻。以下是首届淘宝村优秀带头人和淘宝村杰出推动者名单：

10名淘宝村优秀带头人

◎ 山东省鄄城家斜李村电商带头人 常保如
◎ 山东省莒县阎庄镇渚汀村电商带头人 陈晓隆
◎ 山东省博兴县湾头村电商带头人 贾培晓
◎ 湖北省郧西县下营村电商带头人 蒋家明
◎ 江苏省沭阳县春生村电商带头人 李敏
◎ 浙江省缙云县北山村电商带头人 吕振鸿
◎ 山东省曹县丁楼村电商带头人 任庆生
◎ 江苏省睢宁县东风村电商带头人 孙寒
◎ 广东省揭阳市揭东区军埔村电商带头人 许冰峰
◎ 浙江省杭州市临安区白牛村电商带头人 张青

5 名淘宝村杰出推动者

◎ 江苏省睢宁县政协主席、党组书记 陈良

◎ 赶街网首席运营官，阿里研究院原资深专家 陈亮

◎ 浙江省义乌市江东街道电子商务协会第一任执行会长 刘文高

◎ 山东省菏泽市商务局总经济师，曹县大集镇原党委书记 苏永忠

◎ 中国社科院信息化研究中心原主任、教授 汪向东

服务"她时代"的创业主力军

● 阿里故事

2019年三八节前夕,阿里研究院根据综合阿里经济体的平台大数据梳理了最新的平台女性创业趋势,并发布了《女性创业社会责任大数据》报告,向数字经济时代"扶弱不示弱,盛放生命"的女性表达敬意。

《女性创业社会责任大数据》显示,阿里巴巴平台上的创业者有49.25%是女性,其中54.53%的女性创业者处于23～33岁的年龄段。根据阿里经济体公布的最新数字:网商银行累计为500万小微企业创业女性减免了8200多万元利息。

随着互联网经济体生态的不断发展,创业不再是年轻人的专利。55岁以上的妈妈级店主已经达到了138.39万。不少网友们惊呼:"我妈开网店比我挣得多!"这些退休不退潮的妈妈级店主给了广大女性创业者很大的鼓舞。很多女性创业者认为:"创业就是不给自己设限,打破年龄、性别以及各种不可能的成见。"只要行动起来,什么时候都是创业的黄金年龄。

南开大学互联网与创新经济研究中心主任王金杰指出,"通过电商平台对商业基础设施的建设不断完善,为女性创业和就业提供了充分的网络和商业基础设施,不再受传统的、本地的条件和资源的限制"。阿里巴巴帮扶女性创业者的成绩就是对这段话最好的诠释。

2018年，国家级贫困县的女店主在阿里平台累计销售高达131.94亿元。与此同时，平台上的女消费者总共购买了302.56亿元的国家级贫困县产品，为国家的脱贫攻坚战做出了很大贡献。

阿里平台上的女性在公益领域表现同样活跃。在2018年的一整年里，阿里平台上女性店主一共通过设置"公益宝贝"捐款7357万，并有2.12亿女性消费者参与了"公益宝贝"计划。

■ **延伸解读**

阿里巴巴脱贫基金针对贫困地区女性难增收、无保障、轻抚育的特点，推出了三种帮助贫困地区女性"积累信用、提升信心、延续信念"的服务模式。

模式一：贫困女性保障模式

2018年8月，阿里巴巴发起"加油木兰"项目，这是阿里巴巴脱贫基金支持的女性公益保险项目，通过互联网公益保险和金融科技为贫困县的女性上学和看病提供保障。"加油木兰"目前已经把湖北巴东县、云南元阳县和陕西宁陕县打造成了3个女性保障样板县。

模式二：困境女性创业就业模式

阿里巴巴的"魔豆妈妈"项目旨在帮助困境女性创业、就业。"魔豆妈妈公益官方店"集合优秀"魔豆妈妈"们的励志故事和优质商品，在淘宝平台进行集中展示。2018年3月8日，阿里巴巴旗下淘宝大学正式成立魔豆妈妈电商学院，通过特色课程、专属师资建设、线上学习系统，为困境女性提供集"线上线下培训—线上实习—做自己的云客服"于一体的创就业培训计划。

模式三：养育未来模式

乡村地区在婴幼儿养育方面普遍缺乏科学的认识，不利于0～3岁儿童早期发展。为了提高乡村婴幼儿养育水平，阻断贫困代际传递，阿里巴巴脱贫基金推出了"养育未来"项目。阿里巴巴在贫困地区建立养育中心，为0~3岁婴幼儿及家庭提供科学育儿指导，在当地农村女性中招聘和培养专职养育师。

养育师负责为周边村镇幼儿及照养人提供一对一的亲子互动指导服务，帮助乡村家庭提高婴幼儿养育水平，促进乡村地区0~3岁儿童的认知、运动、语言和社会情感的充分发展。截至2018年12月，阿里巴巴"养育未来"项目已经在陕西省宁陕县建成10个养育中心和1个养育服务点。

▶ 阿里方法论

女性把生意变得更加生动有趣

2015年9月28日，联合国总部邀请马云参加了全球女性创业者大会。马云在会议上说："当今世界不再以肌肉的多少来判定人的强弱，而是以头脑灵活程度来判定，包括智商、情商、语商、'爱商'在内。科技的发达使我相信，女性能够做得更好。阿里巴巴平台上有超过1000万卖家，其中一半以上是女性。线上的女性企业家的平均年龄比线下要小15岁。我们发现，男性在经商时，过于关注数字与竞争，以至于使生意过于冷酷；而女性经商使得生意更加有趣、悠闲、人性化与动人心弦，并逐渐成为一种生活方式。"

第十五章

着眼未来三十年，打造世界电子贸易新平台

阿里巴巴已经在国内打造出一个庞大的商业生态系统，有力地促进了中国互联网经济的发展。自从中国提出建设"一带一路"的倡议后，阿里巴巴怀着强烈的使命感积极走向国际市场，把"让天下没有难做的生意"的梦想推广到全世界。

阿里高层对未来三十年的发展有着清醒的认识，致力于依靠年轻一代来创造未来，推动世界电子贸易新平台的建设。争取把中国的阿里商业生态系统变成全球化的阿里商业生态系统，为促进"一带一路"相关国家经济发展贡献自己的力量。

阿里人眼中的未来三十年

● 阿里故事

2017年7月11日，阿里巴巴在时隔5年后重新启动了网商大会，并在大会上宣布阿里集团正式成立"五新执行委员会"。由现任集团CEO张勇担任委员会主席，蚂蚁金服CEO井贤栋出任执行委员会副主席。

"五新执行委员会"的宗旨是统筹包括阿里巴巴集团、蚂蚁金服集团、菜鸟网络等阿里生态体系内的所有力量，全力投入建设新零售、新金融、新制造、新技术、新能源这五个新兴领域（以下简称"五新"）。

张勇表示，阿里巴巴成立"五新执行委员会"是因为现在的商业环境变了，网商群体也跟五年前大不相同，新零售时代已经来临，过去那套玩法行不通了。阿里巴巴需要通过网商大会来推动广大商家与电商平台一起转型，与时俱进。

张勇在会议上说："在半小时以前，我们刚刚宣布了一个新的组织架构，就是我们会成立跨阿里巴巴集团、蚂蚁、菜鸟的整个阿里巴巴经济体的'五新执行委员会'。这是因为我们看到'五新'对未来商业是一个普适性的基础设施，希望结合整个阿里生态的力量，更好地为网商能够提供这样的基础设施的能力，真正做到在数字经济时代的水电煤。"

■ **延伸解读**

阿里巴巴成立"五新执行委员会"堪称阿里商业生态系统内部有史以来最大范围的一次战略集结。通过把阿里商业生态系统中各个商业元素聚焦同一方向，让集团得以集中力量在关键领域取得突破。

这个举措是为了迎接马云预判的未来三十年有可能产生的机遇和挑战。马云预言："未来三十年世界变化非常快，而且会非常痛苦。"

他在分析未来趋势时指出："今天'80后'上互联网的人是17亿，再过10年，包括'90后''00'后，这个世界有50亿~60亿人全用互联网，你想一想，今天的抵触有什么用？所以希望大家高度关注'30'，第一关注未来30年，第二关注30人以下的企业，第三关注30岁左右的年轻人，只有这样我们才能对未来有希望、有期待、有准备。"

阿里巴巴高层认为，未来三十年的世界将不再属于互联网公司，而是属于那些善于使用互联网的公司。企业家应该着眼于未来的三十年发展，研究今后世界的变化，找出世界发展的需求，尽早完成组织、文化、人才等方面的转型。否则企业将失去未来，在接下来三十年中的道路越走越窄。

▶ **阿里方法论**

阿里研究院专家眼中的未来

2016年，淘宝平台的交易规模达到了3万亿，已经超过了全球著名的零售业巨头沃尔玛，成为全球最大的零售体。这件事标志着网上零售体正式超过线下零售体。阿里研究院产业研究专家崔瀚文表示，阿里巴巴的生态化运营对此贡献巨大。

崔瀚文认为："C2B是新经济体的主要商业模式。以消费者为中心，以定制等方式创造独特价值，以网络化的大规模协作方式，同时基于互联网和云计算平台，是C2B模式的具体体现。新的经济体核心驱动力是云计算和大数据，云计算平台一方面可以共享数据，让数据更好地开放与流动，另一方面，可以让计算能力、存储能力等能力得到大幅提升。"

他还指出，以传统的重工业制造为核心的经济增长方式已经走不通了，未来的新经济增长方式是由以微经济、共享经济、平台经济三大经济相辅相成的新经济体为核心。到那时，互联网和云计算大数据都将成为基础设施，只有搭建好基础设施，商业生态才会发挥作用。未来的组织模式也会因此产生巨大的变化，当前的"行业体系＋公司"的模式即将转变为"平台＋小微／个人"的模式。

预测未来的最佳办法是创造未来

● 阿里故事

2017年3月9日，阿里巴巴在杭州总部召开了首届技术大会。本次大会的主题是动员全球两万多名科学家和工程师投身新技术战略。阿里巴巴集团董事局主席马云表示，阿里巴巴未来20年的愿景是构建世界第五大经济体，服务全球20亿消费者，创造1亿就业机会，帮助1000万家企业盈利。

为此，阿里巴巴将组建新的团队来专攻机器学习、芯片、物联网、操作系统、生物识别等核心技术。马云表示，集团将使用新的机制和方法来解决新问题，准备成立一个新技术研发体系，为服务20亿人的新经济体积极储备核心科技。

阿里巴巴CTO（首席技术官）张建锋在同年10月11日的云栖大会上宣布正式成立"达摩院"。"达摩院"的宗旨是"以科技创新世界"，阿里巴巴计划在3年中投入1000亿元，吸引全球人才来探索前沿科技。

阿里"达摩院"由三大主体共同构成：

◎ 在全球建设的自主研究中心。
◎ 与高校和研究机构建立的联合实验室。

◎ 全球开放研究项目——阿里巴巴创新研究计划（AIR 计划）。

"达摩院"目前的研究领域包括机器学习、基础算法、网络安全、芯片技术、自然语言处理、量子计算、视觉计算、人机自然交互、传感器技术、嵌入式系统等，覆盖了机器智能、智联网、金融科技等多个产业领域。

到目前为止，这个富有武侠特色的机构已经成为阿里集团聚集科技人才、加强技术研发和成果输出的"科技中心"。阿里"达摩院"目前已经在全球 8 个城市扎根，聚集了 300 多名科学家级别的研究人员，并将继续加强与国内外顶尖高校和科研机构的合作。

■ 延伸解读

在成立"达摩院"之前，阿里巴巴已经组建了"五新执行委员会"，针对新零售、新金融、新制造、新技术、新能源五个领域进行统筹发展。达摩院和 2018 年 6 月 26 日成立的"罗汉堂"都是为了落实五新战略而设置的智库。

"达摩院"侧重研究和解决未来社会的生产力问题，"罗汉堂"则侧重研究未来社会的生产关系变化趋势。由此可见，阿里巴巴正在不断尝试用新机制和新方法来整合全世界的聪明大脑，尽可能地拥抱未来变化。

尽管阿里巴巴搭建了各种研究平台，但人才储备仍显不足，还有待充实。为此，达摩院设置了青橙奖与阿里巴巴数学竞赛，旨在奖励大中华地区 35 岁以下或博士毕业的青年人士在信息技术、半导体、智能制造等领域取得突破。获奖者每人将获得 100 万现金奖励，并可以得到阿里"达摩院"的计算、场景支持。

> 阿里方法论

阿里研究院专家眼中的新零售时代

2016年10月17日,中国经营者俱乐部和阿里研究院在北京望京阿里中心联合主办了"走进阿里巴巴·探听阿里研究院专家深度解析阿里巴巴3万亿的商业逻辑"。来自全国各地的多名优秀企业管理者参与本次活动。阿里研究院高级专家吴坤和来宾分享了阿里巴巴对未来新零售时代的预测。

吴坤指出,在新零售的场景下,或许我们走到麦当劳门口,麦当劳的优惠券才能跳出来,而不是跳出来肯德基的优惠券,按需推送或将普及;社群电商、"电商+内容"也将大行其道,例如故宫,曾经主要收入来源是门票,但是随着一系列"互联网+故宫"的做法,传统的故宫也散发出新的活力。曾经的故宫门票收入大约每年10个亿,但是现在衍生品的收入已经达到每年10个亿,曾经古老的IP正在焕发出新的生命力。

让阿里巴巴如日中天的电商时代正在淡去,新零售时代即将开启。数据是未来新零售时代的隐形推手,会贯穿于商业发展的每一个环节。随着数字技术的普及,实现个性化需求的边际成本下降。包含流通、零售、物流在内的整个商业生态都将实现跨越式发展,逐步形成以电子商务为驱动力和特色的中国新商业形态。

相信年轻人就是相信未来

● 阿里故事

对于接班人问题，阿里巴巴可谓深谋远虑。早在2003年，阿里巴巴就已经开始对公司每个岗位实行接班人培训计划。许多创业元老也在多个岗位轮换锻炼。

2009年，阿里集团正式启动合伙人制度，把创业元老和公司新星纳入合伙人决策团队当中。2012年，马云等人开始为领导层的整体换代做准备，推行干部年轻化的方针。许多新鲜血液进入阿里巴巴高层。

2013年5月10日，马云正式卸任阿里巴巴集团CEO，由阿里合伙人、创业"十八罗汉"中的陆兆禧接任。2015年5月7日，马云在给公司内部员工发的邮件中宣布，一批"老阿里人"集体把接力棒交给年轻一代。

这是阿里巴巴发展史上规模最大的一次管理层换届。用阿里巴巴内部的说法，公司所有的"兵权"都移交给了"70后"团队。

第二任阿里巴巴集团CEO陆兆禧按照阿里合伙人退休制度，成为阿里巴巴荣誉合伙人。接任者是1972年出生的阿里巴巴集团原首席运营官张勇。在2018年9月10日，马云对外宣称张勇将在2019年9月10日接替自己成为阿里巴巴董事局主席。

▶ 延伸解读

打江山容易，守江山难。阿里巴巴的创业史诗轰轰烈烈，但"红旗能扛多久"是社会各界都在关注的问题。许多著名的企业都兴也勃焉、亡也忽焉。往往成于创始一代，毁于新老交班。不是老一代舍不得放权，阻碍了年轻人的成长，就是新一代盲目推翻前代成果，自毁公司多年基业。

阿里巴巴的创始人们熟知中外企业的失败教训。既然立志要做102年的企业，那么几十年来的辉煌都只是一个起点。再能干的人也不可能一直掌管公司，只有相信年轻人、依靠年轻人，才能赢得未来。

马云说："我没发现我有什么好习惯，我觉得自己有一件事情，我对公司的年轻人特别好，只有听听他们的意见，多跟他们交流，跟他们吵吵闹闹我觉得很好。然后我花很多时间想未来，我这个脑袋比较小，所以里面的内存很少，我清理得很快，昨天的事情忘得很快，但是对未来会发生什么，我会很关注，我没什么好习惯。"

既然要依靠年轻人，就必须培养年轻人。在他们成长阶段保驾护航，在他们冲锋之时做好后盾，在他们已成大器时功成身退。相信年轻人就是相信未来，帮助年轻人茁壮成长才能赢得未来。

企业传承问题不仅仅出现在CEO的宝座上，各个事业部的高管甚至各个岗位都应该后继有人。着眼未来，储备符合公司未来发展需要的年轻人才，以周密的长期规划来培养一支足以接班的年轻管理团队。阿里巴巴赢得了年轻人，也将赢得未来。

▶ 阿里方法论

阿里巴巴活水计划

2009年，阿里研究院创立了"活水计划"，努力搭建一个"网商+研究者"在线对接的平台。鼓励优秀的青年研究者来发掘阿里平台案例和数据的价值，推动中国电子商务研究水平的进步。阿里研究院已经组织了多次活水计划。《2018阿里活水计划》原文见全书最后附录部分。

做全球化的阿里商业生态系统

● 阿里故事

阿里巴巴集团董事会主席马云从 2015 年开始在国际场合多次呼吁建立 eWTO，推动各国共同建立创新互联网大潮下的全球化贸易规则。

2016 年 2 月，阿里巴巴把 eWTO 改名为 eWTP（世界电子贸易平台，Electronic World Trade Platform）。3 月 23 日中午，马云在博鳌亚洲论坛第一次阐述了自己关于 eWTP 倡议的构想。同年 7 月，在上海举行的二十国集团（G20）贸易部长会议的成果文件明确表示"欢迎工商界（B20）提出的 eWTP 倡议"。

eWTP 平台的四大支柱是：促进中小企业发展，促进年轻人发展，促进消费全球化，促进普惠贸易发展。最终目标是帮助中小企业、妇女和年轻创业者更方便地进入全球市场，共同促进全球互联网经济的繁荣昌盛。

2016 年 8 月 5 日，"跨境电子商务与国际规则构建"专家研讨会在上海召开。这次研讨会是由上海 WTO 事务咨询中心与阿里跨境电商研究中心共同举办的。上海 WTO 事务咨询中心是商务部与上海市政府共建项目"全球贸易和投资规则研究中心"的执行机构。阿里跨境电商研究中心是阿里集团下属的推动国内外跨境电子商务发展的专属机构。

本次专家研讨会旨在联合政府、产业、学院三方的专家共同探讨国内外跨境电子商务（及数字贸易）发展的动态及问题。研究的重点和难点是如何向全世界发起或推动建立新的跨境电子商务国际规则。阿里跨境电商研究中心主任欧阳澄在会议中详细介绍了阿里巴巴的 eWTP 倡议。

■ 延伸解读

阿里巴巴的使命是"让天下没有难做的生意"，建立世界电子贸易平台正是这个使命更进一步的体现。多年前，阿里巴巴离开美国硅谷，重返中国，通过艰苦奋斗一步一步打造出一个庞大的阿里商业生态系统。阿里人在中国实现梦想后，把眼光放到了全球，希望各国能打破贸易壁垒，让全世界的年轻人找到了自己的机会。

马云说："我们为什么不可以通过 10 年、20 年的努力，让世界贸易平台变得更加没有障碍？所以，我希望呼吁大家共同建立这个平台，不管你愿不愿意，这是我们大家的目标，我们必须去改变，必须创造一个新平台，在这个平台上面我们不再是互相争论，而是分享贸易，分享文化。在这个平台上可以增加各国之间的理解，在这个平台上，全世界的年轻人都能找到自己的机会。"

在他看来，中小企业不仅对中国经济贡献巨大，在世界经济中也发挥了非常重要的作用。G20 国家有超过一半 GDP 来自中小企业的贡献。但是，中小企业在全球贸易中面临几个严峻挑战：缺乏进入全球市场的机制和平台，基础设施不够完善，对世界贸易游戏规则不熟悉。

如果能联合各国力量共同建立一个 eWTP 平台，为全世界的中小企业提供走向全球市场的机会，将为包括广大发展中国家在内的人类命运共同体带来更多的普惠发展机遇。"全球买，全球卖"的梦想有望变为现实。

▶ 阿里方法论

创造就业机会，推动新经济发展模式

2016年，马云在中国发展高层论坛经济峰会上应邀与Facebook创始人兼CEO扎克伯格对话。他说道，中国的经济现在是最痛苦的时期。过去30年，中国享受了非常棒的红利，现在可能需要付出一点代价。接下来三五年时间里，我们的着力点可能会在三个问题上，消费服务还有高科技。人们说中国经济增速在放缓，但我们还没有失业的问题。年轻人能够找到工作，消费领域、高科技行业、服务行业能够创造就业机会。

阿里巴巴目前正在按照这个指导方针转型，阿里商业生态系统也不断向这三大领域的角落延伸。全体阿里人致力于把老经济发展模式转变为以消费、服务和高科技拉动的新经济发展模式，为中国经济发展的转型担负大企业应有的责任，为社会创造更多的就业岗位。

附录
APPENDIX

2018阿里活水计划

2018年阿里活水计划以"开放、连接、担当"为主题，聚焦数字经济和普惠发展。有关事项如下：

一、项目宗旨

阿里活水计划旨在搭建"实践者＋研究者"在线对接平台，发掘阿里生态案例和数据的价值，支持优秀青年学者成长，提升中国数字经济研究水平。

二、申报条件

1. 海内外高校学者、第三方研究机构分析师、独立学者、政府机构所属研究单位研究人员。

2. 对数字经济研究具有浓厚兴趣，在该领域有一定成果积累和独到见解。

3. 年龄在40周岁以下。

4. 专业背景不限。

5. 可以个人申报，也可以两人以上合作，或博士生导师带领研究团队，或跨院校研究团队共同申报。

6. 个人研究方向与本计划开放研究领域和项目一致的优先考虑。

三、开放研究领域及项目

1. 数字经济。

◎ 数字经济测度与价值

◎ 数字经济时代的增长与就业

◎ 数字时代下的中国品牌成长途径

◎ 企业数字化转型模式与路径

◎ 数字化时代生态圈发展与合作伙伴管理

2. 农村脱贫。

◎ 数字经济时代的乡村振兴之路

◎ 新技术促进脱贫的案例分析

3. 产业转型与消费升级。

◎ 数字经济下的实体零售转型升级

◎ 零售行业垂直B2B平台的现状与模式

◎ 新零售时代供应链重构

◎ 新兴零售业态及商业模式案例

◎ 零售业中的技术创新及应用

◎ 中国人口及家庭结构的变化对未来消费的影响

◎ 不同群体构筑美好生活的不同姿势研究

◎ 数字经济对综合供应链的影响

◎ 产业转移与电商供应链体系的关系分析

◎ 电商产品市场占有率与物流响应速度敏感度分析

◎ 模块化设计在供应链（消费品领域）中的现状和应用

◎ 区块链、人工智能、物联网在供应链上的运用

◎ 未来城市的快递物流规划研究

◎ 技术进步与弱势人群普惠研究

4. 税收政策。

◎ 数字经济时代推动创新创业的税收政策研究

◎ 人工智能时代的税收治理创新

◎ 第三方涉税信息的责权利研究

◎ 数字经济时代跨境税收研究

5. 创新与竞争。

◎ 新一代信息技术热点调研与发展趋势展望

◎ 中小企业/网商创新创业热点研究

◎ 商业服务业生态发展趋势研究

◎ 云上"双创"趋势分析

◎ 工业物联网/工业智能研究

◎ 技术进步对人类社会安全的影响

◎ 人工智能领域的治理挑战和趋势

◎ 数字经济下的智能化治理的未来路径

◎ 人工智能技术发展对竞争监管的影响

6. 数据政策。

◎ 数据权属和使用边界研究

◎ 基于数据智能的创新实践及趋势

◎ 数据权利的理论建构与应用

7. 全球化与 eWTP。

◎ "小微跨国企业"研究

◎ 中国跨境电商试验区建设实践研究

◎ 跨境电商的贸易促进和福利提升影响

◎ 海外数字化转型案例研究

8. 医疗健康。

◎ 医药供需模式与治理体制互联网化的国际比较研究

◎ 医疗供需模式与治理体制互联网化的国际比较研究

◎ 健康保险供需模式与治理体制互联网化的国际比较研究

◎ 健康医疗大数据发展的国际比较研究

9. 其他。

学者可以根据个人兴趣,自荐与数字经济相关的研究项目。

四、申报流程

1. 申报：申请者可直接认领上述领域的课题项目，也可以自拟课题项目并提交阿里研究院。申报截止日期为：2018年3月12日。

电子邮箱：aliBR@alibaba-inc.com 或 huoshui@alibaba-inc.com

咨询电话：（010）65985924

2. 评审：阿里研究院将组织活水计划评审委员会对申请课题项目进行评审。每位研究者可申报多个课题项目，但最终通过的课题项目不超过1个。

3. 入围：经过评审通过的申请课题项目，阿里研究院将与申请者签署项目合作协议，并授予阿里活水计划学者证书。

五、资源支持

阿里研究院根据情况为课题研究提供以下支持：

1. 提供研究课题相关的案例或数据。
2. 定期参加阿里研究院组织的学术交流和调研活动。
3. 优先参与阿里研究院委托其他研究课题项目。
4. 为优秀课题成果的发布提供资金或渠道支持。

六、研究组织与成果评估

1. 入选者要组织1~2次项目研讨会。
2. 入选者可参加阿里研究院组织的线上或线下课题项目讨论。
3. 入选者在每季度的最后一个工作日，应提交对研究进展的详细说明。
4. 所有项目须在2018年11月30日前提交最终研究成果。研究院成果形式包括：研究报告、论文、案例等多种形式，具体形式由研究者和活水计划接口人商定。

5. 阿里研究院统一组织评审组对研究成果进行评估，评选出优秀研究成果并给予奖励。

七、项目进程

2018 年 1 月：公布研究项目，征集报名。

2018 年 3 月：召开专家评审会，开题、签署合作协议。

2018 年 4 月～6 月：联合／独立调研、数据分析。

2018 年 7 月～10 月：活水计划学者沙龙、中期交流课题进程。

2018 年 11 月：提交终版研究成果、结题评优。

2019 年 1 月：颁奖典礼、发布优秀课题集。

八、其他

未尽事宜，解释权归阿里研究院。感谢您的参与和支持！

阿里研究院

2018 年 1 月

后记
POSTSCRIPT

《阿里巴巴经营法：马云的企业经营哲学》体现了"穷则变，变则通，通则久"的中国文化精髓。这家企业一直在坚持着最初的梦想，从多方面推动社会进步，为中国电子商务的繁荣做出了巨大贡献，成为中国经济发展的一张名片。

2013年6月30日，马云当选全球互联网治理联盟理事会联合主席。2017年12月15日，荣获"影响中国"2017年度教育人物。2018年12月18日，党中央、国务院授予马云改革先锋称号，颁授改革先锋奖章。

也许你已经被这些励志的演讲和案例鼓舞，踏上了充满荆棘的创业之路。也许你觉得阿里巴巴的成功无法复制，只要能成为淘宝、天猫店主就够了。也许你对创业和阿里巴巴的故事毫无兴趣，只是满足于继续做个热衷在网上"买买买"的消费者。

无论怎样，当广大网民戏称"双11"为"剁手节"的时候，阿里巴巴已经深深地融入了我们的日常生活。说不定有一天，阿里巴巴的服务项目会在更多大家意想不到的地方出现。

马云虽已退居二线，但阿里巴巴的传奇远没有结束。坚定的企业使命，成熟的价值观，优秀而高效的人才团队，多元化的商业生态系统，赋予了阿里巴巴集团强大的生命力。这家以"拥抱变化"为基本精神的企业，能否再一次实现马云对未来世界发展的预言？让我们拭目以待。

·陈 伟·

商业畅销书作家，企业管理顾问，互联网领域的实践派。对电商和金融体系有着深入的认识和研究，长期致力于企业管理创新和管理提升。他的作品多被企业选定为内部培训教材，重印数十次，为千万读者提供了通俗易懂的阅读信息和新鲜的科技资讯。

阿里巴巴经营法：马云的企业经营哲学

责任编辑：蒋丽华　　见习编辑：闫毓燕
装帧设计：尧丽设计　　策　划：花　火　曾柯杰

微信公众号：阅读醉时光